Christiane Büch

Gärtnerseelen

Ulmer

Christiane Büch

Gärtnerseelen

Warum Dreck unter den Fingernägeln glücklich macht

Gärtnerseelen im Gespräch

Monika & Fritz

Der hintere Gartenteil hat eine mystisch weibliche Schwingung und der steinreiche Vorgarten eine männliche … hinten gestaltet Monika, vorne Ehemann Fritz.

Ilka

Hier toben sich Gärtnerinnenlust und Wonne aus, verweben Pflanzenvielfalt zu orientalisch anmutenden Teppichen, auch über die eigene Gartenpforte hinaus.

Irmgard

Eine Landschaft mit Modeleisenbahn hat Irmgard von Ihrem verstorbenen Mann vererbt bekommen … Was wird sie mit diesem Garten anfangen?

Friederike & Konrad

Sie haben vom Anbeginn ihrer Ehe leidenschaftlich gegärtnert und gehen noch immer gemeinsam durch die Phasen des Wandels im Gemüse- und Blumengarten.

Anke

Sie ist Mutter, Haus- und Geschäftsfrau und geht in ihrer Bio-Bauernfamilie mit vier Kindern, Tieren und einem großen Garten voll auf.

Maren

Ein Garten voller Figuren und Geschichten, geschrieben vom Eheleben mit Walter. „Im Garten setzen wir uns auseinander“, sagt Maren und kichert.

Burkhard

Hier hausen sie, die Trolle, Elfen und Feen … Burkhard hat es geschafft. Seine Vision des natürlich Gewachsenen, des Zufälligen wird zum Gartenstil.

Anna

Es gibt Plätze und Gärten, die lassen uns ganz still werden. Gestaltungsreichtum und Schönheit geben sich die Hand … Heilige Plätze nenne ich diese Orte.

Christiane

Mein Garten ist mein Entspannungsacker, Probierstube und Spiegel für allerlei und ist auch das Zuhause von so manchem, was es zu erkunden gilt.

Gartengeflüster

Du fragst warum ich flüstere? Damit Du näher herantrittst, ganz Ohr bist und mit allen Sinnen wach. Denn wir schleichen uns an etwas Geheimnisvolles an. Wir lauschen, wenn der Gärtner mit seinen Pflanzen redet, wenn geflüstert und still gelächelt wird. Ich möchte den Feinheiten, den leisen Tönen nachspüren. Da ist alles Laute unangebracht, deshalb lauschen wir.

Und wir schauen auch genauer auf die „grünen Daumen“ und fragen, was es mit ihnen auf sich hat. Vor allem wollen wir gärtnernden Menschen nah sein und uns freuen, dass sie sich mit uns ins Gespräch und auf die Suche begeben – auf die Suche nach einem Schatz. Ja, im Gärtnern liegt ein Schatz verborgen, das weißt Du und ich und

... und ich liebe die Leichtigkeit der Gräser.

alle, die immer mal wieder erstaunt über sich selbst den Kopf schütteln. Nämlich dann, wenn sie abends vor dem Spiegel stehen und aus völlig verdrecktem Gesicht von selig leuchtenden Augen angestrahlt werden.
Ich versuche dieser Anziehung, dieser Begeisterung für das Gärtnern auf die Spur zu kommen. Die meisten begleitet es ein Leben lang. Es ist mehr als ein Hobby, mehr als Leidenschaft. Aber was ist es genau?
Ich denke, liebe Leserin, wir duzen uns gleich, denn immerhin verbringen wir nun mehr als einen ganzen Sommer zusammen – vom Frühling bis zum ersten Frost. Wir besuchen neun Gärten und ihre Eigner. Und uns eint alle die Begeisterung für das Stück Natur vor unserer Tür, da vergisst man das Gesieze früher oder später sowieso.

Ich bin Gartengestalterin in Norddeutschland – und das mit Leib und Seele. Es ist meine Passion, mich in die verschiedenen Menschen einzufühlen, um ihnen dann genau das auf den Leib, Pardon, auf den Garten zu schneidern, was ihnen gut tut. Mir erzählen meine Kunden oft, wie wichtig ihnen der Garten für ihr Wohlbefinden ist. Vor allem das Hantieren im Garten sei so wichtig als Ausgleich zum Berufsleben und zum Regenerieren. Im Garten wird also aufgetankt ... aber was tanken diese Menschen?
Ich komme einfach nicht mehr von dem Gedanken los, mehr über die Kraft des Gärtnerns herausfinden zu wollen. Geht es Dir auch so? Dann machen wir uns gemeinsam auf die Entdeckungsreise ...
Wir werden eine ganze Saison hindurch – von März bis November – zusammen durch die Gärten wandeln, mit ihren Besitzern reden oder einfach auch mal still beobachten. Und sicher wird es Gärten geben, die nicht die Deinen sind. Aber das ist auch gut so, oder? Für mich war es jedenfalls ziemlich aufregend und befreiend, wirklich alle Gärten ganz intuitiv auf mich wirken zu lassen. Und meine Sichtweisen zu ändern und nicht immer gleich zu bewerten, ob mir der Garten gefällt oder nicht. Ich habe mich bei dieser „Gartenreise" im Beobachten geübt und fühle mich durch das Erlebte beschenkt. Ich hoffe, Dir wird es auch so ergehen.

Du bist eingeladen, mich zu begleiten.
Bist Du bereit? Hast Du Deine Gartenklamotten an?

CHRISTIANE

Das Gärtnern ist eine Herzensangelegenheit

Gärtnern ist viel mehr als Einpflanzen, Unkraut zupfen und Auslichten. Es ist ein freudiges Lustwandeln durch das selbst geschaffene Paradies, eine ewige Entdeckungsreise und eine Kommunikation auf vielen Ebenen – mit den Mitmenschen, mit der Natur, mit uns selbst.

Es geht beim Gärtnern nicht um die Aufrechterhaltung einer Dekoration oder um das Beherrschen. Es geht nicht darum, einen schönen Garten zu haben, wie wir ihn in Büchern und Zeitschriften präsentiert bekommen. Sondern darum, seinen eigenen Stil zu finden, seine Vorlieben und sein persönliches Maß zu entdecken.

Beim Gärtnern geht es um den Umgang mit etwas Lebendigem, zu dem wir selbst dazugehören.

Gärtnern ist ein ganzer Kosmos voller Beziehungen, Leidenschaften und manchmal auch Enttäuschungen. Bestes Indiz hierfür ist die Tatsache, dass wir uns regelrecht in Pflanzen verlieben oder heftige Abneigung empfinden können. Beides spricht von größter Nähe, vom Geben und Nehmen mit allen unseren Sinnen.

Von daher dürfen wir auch im Garten auf alles gefasst sein: Paradies und Hölle liegen wie im übrigen Leben auch hier dicht nebeneinander. Was dazwischen liegt ist allerdings mit vielen Glücksmomenten gewürzt. Und es sieht

Die Rose 'Lilian Austin' beschenkt mich mit Rosenduft vom Feinsten.

Die Taglilie Hemerocallis citrina lädt zum Schnuppern ein. Da vergesse ich fast die Raupen an der Königskerze. Zuerst war ich entsetzt … dann dachte ich aber an die Schmetterlinge, die bald umherflattern würden.

danach aus, als sei unser Leben noch viel wunderbarer eingerichtet, als wir es mit unserem Kopf erklären können. Nicht nur, weil unsere Sprache es nicht hergibt. Ich habe den Verdacht, dass unser Kopf einfach nicht das erfassen kann, was ureigene Sache der Gefühlswelt ist. Ich bin jedenfalls sehr neugierig geworden auf die inneren Welten und versuche, Phänomene unbewertet zu lassen und nur aufzuschreiben, was sich ereignet. Ich frage mich nicht: Warum genau ist dieser Garten so schön? Sondern ich bin einfach dankbar, wenn er mich tief im Innern berührt. Lieber halte ich mich an die Worte von Hilde Domin aus ihrem Gedicht „Wahl“:

nicht müde werden
sondern dem Wunder
leise
wie einem Vogel,
die Hand hinhalten

Darauf wollen wir uns einschwingen, einfach still die Hand ausstrecken und warten und mit wachen Sinnen schauen, was passiert.

CHRISTIANE

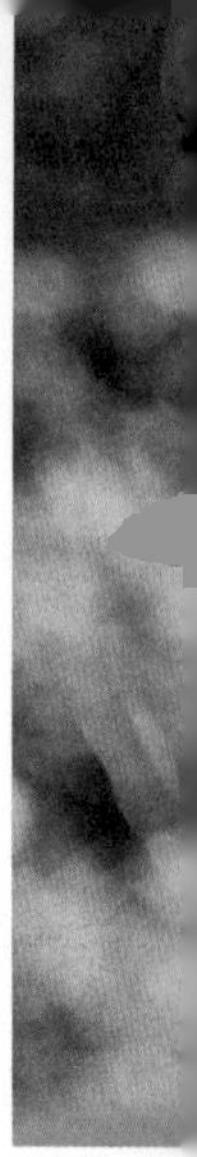

Von Geburt an Gärtnerin

Am sehr warmen Frühlingsanfang 1952 in eine Gärtnerfamilie hineingeboren, stand meine Wiege von Anfang an im Garten, unter den Zweigen der großen Hängebuche. Von Beginn an trafen meine Kinderaugen und Kinderbeinchen auf Blumen: im Garten, in der Gärtnerei und auf Wiesen und Feldern. Ich band sie zu unzähligen Sträußen und brachte meine Mutter bald in Nöte, denn rasch waren alle Vasen besetzt.
Aber eigentlich wuchs ich mehr wie ein Junge auf: Kriechend und kletternd eroberte ich den parkähnlichen Garten, schlich zu den Teichen und spielte oft in der Nachbarschaft. Half bei der Ernte, tobte in Heubergen auf der Wiese. Erlebte Kühe, Pferde, Schweine, Enten, Gänse, Hühner hautnah. Und staunte über Schwalben, die in den Kuhstall flitzten zu ihren Nestern an den Deckenbalken, über deren Ränder die Vogelkinder ihre gelben Schnabel-Schlünder reckten. Vögel ziehen mich noch heute ganz besonders an.

All das ist mir in hautnaher Erinnerung geblieben. Vor allem aber das Gärtnern mit Opa. Ich hatte meinen kleinen Garten in seinem großen Garten und lernte alles von ihm. Ich machte ihm einfach alles nach: grub um, harkte die Krume fein, steckte meine kleine Pflanzschnur für meine Beete und versuchte, die Wege in eben einem solch geräuschvollen Rhythmus mit meinen kleinen gummibestiefelten Füßen hineinzutrampeln, wie er es mit seinen großen schwarzen Stiefeln trat. Ja, ich spüre sie geradezu, die „Gultigaltis" meines Großvaters – gultigaltigultigalti, wir Kinder hörten seinen Gummistiefelgang schon von Weitem.
Während der Verschnaufpausen saßen mein Großvater und ich auf der einfachsten Version einer Gartenbank: zwei dicke Pfähle im Boden, darauf ein Brett genagelt. Er erklärte mir alles, zum Beispiel wie man einen Apfel isst, welchen man sich aussucht, wie man ihn findet. Ich sehe es genau vor mir: Wir gehen ganz, ganz langsam und leicht gebückt unter dem Apfelbaum hin und her, den Blick senkrecht nach unten ins lange Gras gerichtet. Da, einer der ersten Herabgefallenen hat bereits einen gelblich roten Teint: „Den nehmen wir!"

Zum Kinderfest ein Kleidchen ... Alltags liebte ich meine kurze rote Lederhose. Bist Du schon einmal mit einem Kleid in Bäume geklettert? Das geht gar nicht!

Wieder bei der Bank greift er in die Hosentasche und holt sein Taschenmesser heraus, sein spezielles „Kautabak-Schneidemesser“, wie ich damals immer gedacht hatte, das mit der merkwürdig geformten Klinge. Erst zwei Jahrzehnte später sollte mir aufgehen, dass es sein Okuliermesser gewesen war, zum Rosenveredeln, was er zu diesem Zeitpunkt allerdings nicht mehr machte.
Jedenfalls holt er das Messer aus der Tasche, ich Beine baumelnd neben ihm. Fast andächtig wird der Apfel betrachtet und gedreht. „Siehst Du, hier ist ein Loch ... es ist von dem Wurm, der in diesem Apfel wohnt“, und er setzt das Messer genau dort an, schneidet vorsichtig hinein und bricht dann den Apfel auf. Vor unseren Augen wird der Fraßgang bis zum Apfelgehäuse sichtbar, mit Wurm, den er vorsichtig herausschneidet mitsamt Gang und Gehäuse. Verbliebene Apfelstücke werden aufgeteilt und von uns genussvoll aufgegessen. So lernte ich, dass Früchte mit einem Wurm zuerst reifen und am süßesten sind.
Ich weiß nicht, welche Apfelsorte damals im Garten gestanden hatte und ich suche bislang noch vergeblich nach diesem köstlichen Geschmack ... Was ich allerdings wiedergefunden habe, ist diese Form von kleiner Glückseligkeit in meinem Garten. Es ist dieses Eintauchen, das Eins-sein mit allem, dem augenscheinlich eine große Kraft innewohnt. Und ich denke so manches Mal und frage auch Dich: Welcher Schatz liegt denn eigentlich im Gärtnern verborgen?

CHRISTIANE

Wer ist Christiane Büch?

Die erste Begegnung mit Christiane Büch fand vor langer Zeit in unserer Staudengärtnerei statt. An einem kühlen, ungemütlichen Herbsttag stand irgendwann eine großgewachsene, eher hagere, dick eingemummelte Frau in den Stauden. Die Verkaufstische ließ sie links liegen, sie stöberte lieber dort, wo eigentlich nur der Gärtner Zutritt hat und sich um die Pflanzenvermehrung kümmert. Na ja, sie war eben auf der Suche nach besonderen Stauden, sie war auf Schatzsuche …
Viele Besuche und Gespräche ließen langsam eine Freundschaft entstehen. Es hat allerdings gedauert, bis wir auch verstanden, wie sie einen Garten plant und warum genau diese Pflanzenauswahl die Richtige ist. Berüchtigt sind mittlerweile ihre Bestellungen per Fax: drei bis fünf Seiten lang – handschriftlich! Mit Wetterbeobachtungen, wohlgesetzten Worten zur Jahreszeit und freundschaftlichen Kommentaren. Beim ersten lesen der Bestellung denken wir oft: Du liebe Güte, was hat sie sich jetzt denn wieder ausgedacht? Ist alles komplett zusammengestellt, sieht die Sache schon ganz anders aus: Harmonisch fügen sich die einzelnen Stauden zu einem Gesamteindruck zusammen – eine besondere Pflanzenzusammenstellung einer besonderen Pflanzenliebhaberin.

Svenja Schwedtke und Rainer Kumetat
Staudengärtnerei Bornhöved

Ceratostigma plumbaginoides
Veronica
Dicentra spec.
Foeniculum v. 'Atropurpureum'
Allium schoenoprasum

Welcher Schatz liegt im Gärtnern verborgen?

Ich machte mich auf, Antworten auf diese Frage zu suchen. Alsbald fing es an, nach Tom Sawyer zu riechen, nach Abenteuer, nach Eigenwilligkeit und ungewöhnlichen Wegen. Meine Intuition

sollte die Zügel in die Hand bekommen, nicht mein Verstand, soviel war klar. Und wenn das Glück mir hold sein sollte, wollte ich daraus ein Buch entstehen lassen. Eines, das ich ganz gefühlsmäßig angehen wollte – nur von meinem Gärtnerherz geleitet.
Das Vorhaben erwies sich schon bei den ersten Schritten als sehr beglückend. Denn es bescherte mir die einfach klingende Idee, acht Gärten und ihre Besitzer ein Gartenjahr hindurch – von März bis November – zu begleiten. Und wunderbarerweise hatte ich sehr oft gute Zufälle auf meiner Seite und schon bald acht neugierige Mitspieler gefunden: teils mir bekannte, teils fremde Gärten und ihre Besitzer. Kurz vor Frühlingsanfang gab die Schneeschmelze endlich den Weg frei. Es konnte losgehen: intuitiv und mit einem Augenzwinkern.

Während die Vögel schon dabei waren, ihre Werbetrommel zu rühren, habe ich gewartet. Doch kaum war der Schnee gewichen, kam der Frühling mit Macht.

Schneeglöckchen und Wild-Alpenveilchen legen uns zu Beginn der Reise ihre Teppiche zu Füßen.

19. März, Monika Birkner & Fritz Haslbeck

Gärtnern im Duett

Nach zwei ungemütlichen Regentagen lockt heute die Sonne, mein Mann und ich sind in Brenkenhagen bei Monika Birkner und Fritz Haslbeck. Mit meinem selbstgetopften Narzissengruß in der Hand stehe ich im Refugium dieser Menschen, die Sinne hellwach. Jeder mit einem wärmenden Becher Tee versorgt, bleiben wir gerne draußen und lassen uns von der Sonne das Gesicht streicheln. Ein Rotkehlchen singt, der Garten lauscht. In den Ecken schlummert es noch: Skulpturen träumen, Schneeglöckchen zu ihren Füßen.

Fritz Haslbeck ist dabei, die winterlichen Maulwurfsspuren zu beseitigen. Wir schlendern herum und lernen uns kennen.

Es ist das Wochenend-Domizil dieser Menschen, die in Potsdam ihrem Broterwerb als Verwaltungsbeamte nachgehen und dort ohne Garten wohnen. Sie nehmen mehr als 300 Kilometer Fahrweg auf sich, um in ihrem Paradies abschalten zu können. Es ist für die beiden Fünfzigjährigen der erste richtige Garten.

Hier konnte sich im Laufe von Jahren etwas entwickeln,
was auf den ersten Blick nicht zu erfassen ist.
Ich sehe und spüre die Leidenschaft,
die dieses Fleckchen Erde beseelt.

Monika

Feinabgestimmt umschmeichelt die Scheinzypresse mit ihren hellen Triebspitzen die marmorfarbene Weiblichkeit ... toll!

Dieser mit 850 Quadratmetern relativ kleine Garten hat viel zu bieten: Räume, Sichtachsen, Skulpturen. Ich bin verblüfft angesichts dieser gelungenen Anordnung und Raffinesse. Aber noch mehr erstaunt mich die Tatsache, hier eigentlich zwei Gärten vorzufinden: einen deutlich weiblichen, ja fast mystischen Bereich und einen eindeutig männlichen, klaren Gartenteil.
Hocherfreut über diese erste Begegnung machen wir uns nach zwei Stunden auf, um zum nächsten Garten zu fahren. Familie Mahro wohnt im benachbarten Schashagen.

19. März, Ilka Mahro

Ton in Ton mit dem Garten

Ilka und Thomas Mahro gehören zu den Initiatoren der Aktion „Offener Garten" hier im Norden. Bei dieser Aktion öffnen Menschen ihre privaten Gärten für andere Gartenbegeisterte; man redet, fachsimpelt, bewundert und schenkt sich ab und zu auch einen Ableger. Und eines spüre ich hier heute ganz deutlich: Ilkas Hobby wird so langsam zum Beruf. Immer öfter wird sie gefragt, ob sie nicht hier oder dort etwas „zaubern" könne. Sie kann.
Ilka, Anfang Fünfzig, ist ganz norddeutsch geprägt. Sie lebt in ihrem geerbten Elternhaus und hat hier zusammen mit ihrem Mann und viel Gemüse aus dem großen Garten drei Kinder großgezogen.
Wir lernten uns vor einigen Jahren bei einem Pflanzenhändler kennen. Damals hatte ich das Gefühl gehabt, als würde ich eine alte Bekannte endlich einmal wiedersehen. So war es nicht die erste Verabredung mit Ilka an diesem Nachmittag im Frühling. Dennoch bin ich dieses Mal mit anderen Augen hier im Garten.

Ein eisiger Wind scheucht die Frühlingsgefühle vom Tisch. Dennoch Frühling, Frühling, Frühling ... überall spielt hier der kleine Frühling in den Beeten.

Es ist nun bereits nach 16 Uhr und merklich kühler. Zwischen Gräsern im großen Staudenbeet versamen sich einzelne Schneeglöckchen und Elfenkrokus. Während auf dem Schattenbeet neben dem Treibhaus große, für Schneeglöckchen so typische Pulks stehen – dicht an dicht. Sie spiegeln sich sogar noch in den Glasscheiben. Wundervolles Schneeglöckchenland!

Der Rosengarten trägt dieser Tage ein Tuch aus Winterlingen, getupft mit Elfenkrokus und Schneeglöckchen.

Hier und dort empfehlen sich einzelne Märzenbecher und Christrosenblüten, auch die tief dunkelroten Christrosen *Helleborus orientalis* 'Merlin'. Im Gemüsegarten bestaunt man noch die imposanten rotlaubigen Grünkohlpflanzen 'Red Bor', auch solche mit untypischen, glatten grünen Blättern.

„In den letzten Tagen sind wir mächtig am Schneiden", meint Ilka. Veränderung ist angezeigt und man mag den Winter nicht mehr sehen. Ilka hantiert mit den großen Gräsern und verschmilzt farblich mit dem Staudenbeet. Strohfarben, Erdbraun mit einem Hauch von Violett und Weiß.
Ich gehe in den hinteren Bereich des 1400 Quadratmeter großen Gartens, um den Teich herum. Hier mussten einige Bäume weichen und ein Gefühl des Erwachens, eine Art Erleichterung ist zu spüren.

Gärtnerin und Garten tragen die gleichen Farben ... verschmelzen miteinander.

Einen neuen Sitzplatz soll es hier bald geben mit dem nun frei gewordenen Blick auf das eigene Haus. Schön, diese ganz neue Perspektive.

Beim Weggehen fallen mir im Vorgarten unter den frisch gestutzten alten Linden und Buchsbaumkugeln abermals viele knospige Christrosenblüten auf. Wir genießen einen rotbunten Abendhimmel, an dem die Sonne mit einem langen Schweif nach oben untergeht – ähnlich einer Reflektion auf dem Meer. So etwas sah ich noch nie und nehme es jetzt als positives Zeichen für meine Reise durch die Gärten.

ILKA

20. März, Irmgard Gloge

Ein ganz untypischer Landschaftsgarten

Die dritte Begegnung findet in Bad Segeberg statt bei Irmgard Gloge. Wir kennen uns schon viele Jahre. Frau Gloge war Witwe geworden und bat mich, das Grab ihres verstorbenen Mannes zu gestalten. Er war zu Lebzeiten der Herr über den Garten, er hatte ihn selbst angelegt und bis fast zu seinem Lebensende betreut. Nun betrat ich in diesem Frühling den Garten zum ersten Mal. Ich staunte nicht wenig, als ich in einem Teil eine liebevoll angelegte Landschaft mit Viadukten vorfand – en miniature für eine Modelleisenbahn, dem späten Hobby von Herrn Gloge.

Nun war der Schöpfer dieses Gartens tot und seine Ehefrau trat das Erbe an. Für diese neue Rolle lässt Irmgard Gloge sich Zeit, setzt ganz behutsam einen Schritt vor den anderen, immer schauend, was passiert.

Irmgard Gloge hat das Licht der Welt 1936 in Braunschweig erblickt. Sie ist ohne Garten, dafür aber mit viel Naturinteresse großgeworden. „1957 heiratete ich dann einen angehenden Apotheker mit einem Faible für Botanik“, sagt sie schmunzelnd, „der recht viel Gartenraum in Anspruch nahm.“ Gehüllt in Amselgesang ersteigen wir nun hintereinander gehend die schmalen Pfade durch diese für Schleswig-Holstein eher untypische Gartenform: Landschaftsgarten mit Höhenzügen. Ich nehme eine Gelassenheit in Irmgard Gloge wahr, ein Wachsenlassen. Man überlegt sich hier genau, welche Zweige abgeschnitten werden dürfen und welche Pflanzen weichen sollen.

Die Kleinodien dieses Gartens zeigen sich gerade am Boden: Partien von Alpenveilchen, Leberblümchen, Elfenkrokussen und Märzenbechern – allerliebst! Noch Schneeglöckchen und letzte Winterlinge, schöne Buschwindröschen und Lungenkräuter zwischen Christrosen. Wir stehen an der Terrasse zur Südseite, wo Winterjasmin und *Clematis montana* 'Rubens' in einem dichten Ästegewirr miteinander verwoben sind zu einem üppigen Strang – wie eine Augenbraue am großen Terrassenfenster. „Hier finden viele gefiederte Freunde einen Nistplatz", und wie zur Bestätigung tiriliert ein Rotkehlchen und wenig später der Zilp-Zalp. Er gibt schon einen Vorgeschmack auf den noch fernen Sommer, denn für mein Empfinden bringt er mit seinem „Zilp-Zalp, Zilp-Zalp" den ganzen Sommer hindurch eine heitere Schaukelbewegung in die Klangwelt.

Unter Seidelbast, Douglasie und Zaubernuss, die schon verblüht ist, tanzen Alpenveilchen-Narzissen (Narcissus cyclamineus).

Der Garten ist eine Art Mischwald von immergrünen und laubabwerfenden Gehölzen kleiner und größerer Natur.

Noch können wir das liebevoll Erschaffene gut erkennen ... aber der Zahn der Zeit nagt bereits daran.

Wir setzen uns noch auf die Bank an der Westseite des Hauses. Hier bei der Tiefgarage fängt sich die Wärme der Nachmittagssonne. Der schneidende Ostwind bleibt ausgesperrt. Neben der Bank steht eine Tüte. Irmgard Gloge zieht sie hervor und öffnet sie mit einer Bemerkung, die wir wohl alle kennen: „Also, ich weiß eigentlich gar nicht so recht wohin ...". Es sind eine Päonie und eine Schafgarbe *Achillea millefolium*. Sie zeigt auf die versamungsfreudige Schafgarbenpflanze. „Auf die muss ich vielleicht etwas aufpassen, damit sie nicht ausbüxt ..." Die Augen blitzen, das ganze Gesicht lächelt – wie so oft. „Da ein Schmetterling!" Auf den Bahngleisen nimmt der Kleine Fuchs Platz.

8. April, Friederike & Konrad Stumpf

Blumenschätze aus aller Welt

Es herrscht trockenes, sehr windiges Frühlingswetter und es gibt dieser Tage leichte Nachtfröste. Ich stehe bei den Eheleuten Stumpf in Bad Oldesloe zum Nachmittagstee vor der Tür und staune über die vielen Christrosen im Vorgarten, als ich eingelassen werde. Kinderärzte sind beide und werden bald in Pension gehen, mehr weiß ich noch nicht über sie. Wir kennen uns vom Sehen aus einer Staudengärtnerei. Deren Besitzer haben uns nun quasi aneinander vermittelt. Bei selbstgebackenem Apfel- und Pflaumenkuchen leckerster Art werden wir schnell warm miteinander. Wir lachen über die Vorstellung, einen Schlauch als Kommunikationsröhre nach ganz hinten in den Garten zu verlegen. Friederike Stumpf läuft den langen Weg nicht so gern. Und ihr Mann Konrad mag es nicht, wenn sie zum Essen pfeift – für ein Rufen ist die Distanz zu groß. Auch Suppe oder

Links steht das Gewächshaus, rechts ahnen wir den Teich, hinter dem Lattenzaun das Gemüsegärtchen. Ganz am Ende des Weges geht es leicht bergab zum Hanggarten.

Friederike

Friederike und Konrad Stumpf im Berggarten, der von ihm gestaltet wird. Sie scheint mehr im oberen Gartenbereich zu wirken.

andere Spezereien ließen sich so in den hinteren Gartenteil transportieren, sodass der eifrige Gärtner zum Essen gar nicht erst ins Haus kommen muss ... und wieder Gelächter.

Und schließlich grenzenloses Erstaunen: Konrad Stumpf erzählt von seinen Besuchen auf dem Berg Athos. Woraufhin ich frage, ob er auch dem Dia-Vortrag über die Pflanzenwelt auf dem Athos beigewohnt hätte, vor zwei Jahren in der Staudengärtnerei. Konrad Stumpf lächelt, schweigt. Jetzt klickert es bei mir: Er war es! Er hatte den Vortrag gehalten. Meine Güte, ich hatte einen eher jungen Mann in Erinnerung. Dieser hier erzählt gerade von seiner Pensionierung Ende des Jahres. Es war das pflanzenbegeisterte, jugendliche Wesen, was diesen Eindruck bei mir hinterlassen hatte.

Konrad Stumpf ist mit einem eigenen kleinen Gärtchen im großen Selbstversorger-Garten der Familie aufgewachsen, zusammen mit den Großeltern und einem Gärtner, der ihm vieles beibrachte. Friederikes Pflanzen-Kinderstube stand auch unter dem Einfluss der Großeltern, frühe Erfahrungen machte sie im Allgäu, in den Isarauen. 1971 hatten sie den ersten gemeinsamen Garten.

Aber nun möchte ich doch endlich wissen, wieso man hier „Fernsprechapparate“ wie den Schlauch braucht. Es sieht hier vorne doch alles eng bebaut und eher kleinräumig aus. Der Garten ist 1300 Quadratmeter groß? Mir fehlt noch der richtige Überblick. Terrasse, Gartenteich und Gewächshaus bilden ein Gefüge, eine Fortsetzung der Innenräume. „Unsere Kinder wollten immer draußen essen." Ja, wie ein Wohnraum fühlt es sich hier trotz der Kühle an. Ein Blick ins Gewächshaus, zu einer Vielzahl ungewöhnlichster Pflanzen von überall her, vor allem aus Urlaubsländern südlicher Breitengrade. Dicke, fette Knollen von Wild-Alpenveilchen, bei Straßenbauarbeiten am Athos eingesammelt, faszinieren. Den Alpenveilchen, das kann ich bald feststellen, schenkt man hier besondere Aufmerksamkeit – wie auch den Christrosen. Vielerlei Arten und Sorten ziehen sich durch den ganzen Garten und werden gekreuzt und vermehrt.

Ganz hinten, quer zum oberen Garten, liegt der Berggarten, der einen vergessen lässt, in einem Wohngebiet zu sein. Dieses Gartenland liegt am Rande eines Flussbettes. Für unsere Verhältnisse ist der Abhang recht hoch und steil und mit großen Laubbäumen bewachsen. Hier haben sie Terrassen angelegt, Kinderstuben für Christrosen und anderes mehr.
Wir stehen nahe des Sauna-Häuschens und Konrad Stumpf deutet auf einen gepflasterten Steinplatz: „Der Hexentanzplatz ... bei Vollmond!" Seine Frau grinst. Bei den beiden spürt man den Schalk im Nacken. Mein Auge labt sich derweil an Christrosenblüten von grünlichem Weiß über diverse Rosatöne bis zu Braunrot. Hellgelbe, weiße und blaue Buschwindröschen begleiten sie. Lerchensporn gibt es in Hellgelb, Weiß, Rosé, Fliederfarben und Rot. Schlüsselblumen haben sich mit Primeln gepaart – so spielen auch ungewöhnliche Primelgesichter zwischen Blautönen von *Scilla* und *Chionodoxa* und den fetten Blattschöpfen der nächsten Staudengeneration. Blumen-Schätze in allen Ecken, auch der Gemüsegarten ist zugeparkt. Jetzt soll Platz für Neues geschaffen und eine Trockenmauer aus alten Grabsteinen gebaut werden. Na, dann mal los!

Aus Christrosenleidenschaft bauten sie einen Wetterschutz aus Heidekrautmatten und Drahtbügeln

FRIEDERIKE

10. April, Anke Stoltenberg

Rasselbande

Zwei Tage später kommt der ersehnte Regen bei 10 °C und leichtem Wind. Es ist ungemütlich. Ich bin bei Familie Stoltenberg angemeldet. Sie sind Bio-Bauern und betreiben einen Hofladen in Hohle Gruft, nur wenige Kilometer von meinem Zuhause entfernt. Der Hof liegt malerisch in Wiesen und Wald eingebettet.

Ich bin erstaunt, Anke Stoltenberg mit ihren vier Kindern zwischen zwei und zwölf Jahren draußen beim gemeinsamen Spiel anzutreffen. Für die meisten Menschen wäre dies ein Stubenhocker-Tag. „Wir haben gerade aufgehört, die Kartoffeln zu pflanzen. Der Boden ist lehmig und wurde immer klebriger.” Anke lacht, die Kinder wuseln herum. Es wird „Kriegen“ gespielt auf diesem großen Hofplatz mit Rondell, auf dem eine stattliche Hänge-Esche steht. Sie ist weit über 100 Jahre alt und mit der kleinen Höhle im Stamm eine Heimstatt für einen Kleiber.

Anke bittet mich in den Kräutergarten auf die andere Seite des Hauses. Dort auf der Südwestseite erstrecken sich der gut 400 Quadratmeter große Gemüsegarten sowie eine Rasenfläche mit einer Schaukel für die Kinder. Direkt am Haus gibt es die Terrasse und natürlich Blumenbeete und Ziersträucher – wohl 800 Quadratmeter, meint Anke.

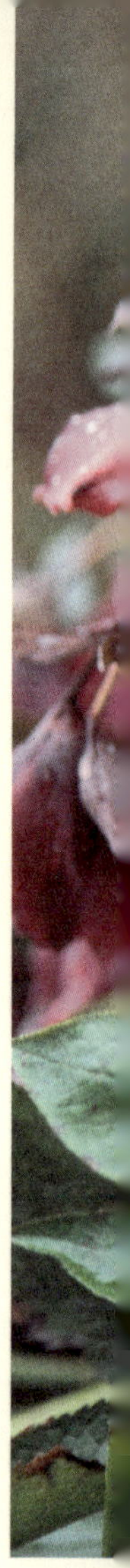

Gut macht sich diese braunrote Christrose zwischen den bemoosten Steinen unter dem Seidelbast in ähnlicher Farbe.

Gleich neben dem Gemüse- und Kräutergarten befindet sich der Auslauf für die Schweine, die gerade genüsslich vor sich hin schmatzen. Sie kommen oft in den Genuss von Gartenabfällen.
Nun kommt eines der Kinder: „Mama, wir wollten doch spielen!" „Ougenblick noch, ik kuum gliks!" Anke spricht Plattdeutsch mit ihren Kindern, die nun nacheinander eintrudeln. Sie haben sich mit Regenschirmen verschiedenster Art bewaffnet, es mir gleichgetan, die ich den Schirm für die Kamera brauche. Schon sind wir auf einer Schirm-Schau.
Nun setzen wir unseren Rundgang gemeinsam fort. Auf unserem Weg zurück zum Hofplatz bewundern wir an der Hausecke noch ein üppiges Exemplar von *Helleborus orientalis* 'Blue Lady'. Viele, viele Märzenbecher und Winterlinge sind am Verblühen ...

ANKE

10. April, Maren Schmidt

Kuriositätenkabinett

Ich fahre weiter in Richtung Neumünster, diesmal zur Familie Schmidt. Maren Schmidt kenne ich seit ein paar Jahren. Sporadisch sind wir uns hier und dort begegnet, fanden uns offensichtlich sympathisch.
Der Hausgarten der Schmidts liegt in einem alten Wohngebiet, ist von hohen Hecken und großen Bäumen umgeben und auch im Garten wachsen stattliche Gehölze. Auf den ersten Blick prägen Ruhe, Ernst und eine altertümliche Romantik das Bild. Es ist schon fast 17 Uhr, als ich den Garten betrete, aber es ist heller geworden. Die Sonne kommt nochmal durch und taucht den Garten in spannungsvolle Lichtmomente. Hier und dort fallen die Strahlen schräg ein und suchen sich einen Weg durch vielfältiges Geäst.

Magisch ... wie in einem Theater wechseln die grünen Bühnenbilder, während wir ganz langsam durch den Garten ziehen.

Überall gibt es etwas zu entdecken, ernsthafte Skulpturen und Kuriositäten, humorvoll gestaltete Figuren, Fratzen aus Holz und andere Fundstücke. Merlin mit goldener Sichel erkenne ich sofort vor der Tür des Gartenhauses. „Das ist Walter!", Maren lacht und ihr Lachen ist ansteckend. Walter ist ihr Ehemann und derjenige, der hier künstlerisch tätig ist.

Am Boden viele kleine Glocken als Scilla-Teppich in Grünblau – verwunschen sieht es aus in diesem immer rötlicher werdenden Abendlicht.

Maren wollte eigentlich Landschaftspflege studieren nach Abitur und Gärtnerlehre, 1980 war das. Aber dann traf sie Walter, wurde Stiefmutter, später selbst Mutter und arbeitet nun als Kindergärtnerin. Die Begeisterung für Pflanzen ist geblieben.
Immer wieder lenkt das einfallende Licht die Blicke. Nun auf den Fuß des uralten Eschen-Ahorns, der mitten auf dem Rasen eine Art Zentrum bildet. Er ist Fantasie-Kletterbaum mit seinen dicken Seilen zwischen den großen Ästen und dazwischen Überbleibsel von Fischernetzen und Strandgut von Spaziergängen am Meer.
Maren verändert ihren Garten, schafft Ordnung auf diesen 900 Quadratmetern, trennt sich von Baumsämlingen, die sich im Laufe der letzten Jahre eingefunden hatten. Sie hat Obstbäume gepflanzt, Blumenzwiebeln sortiert, Stauden umgepflanzt, neue Bereiche geschaffen. Ich sehe den Garten heute zum dritten Mal innerhalb von drei Jahren. Er ist spannungsvoller, belebter, wacher geworden, wenngleich immer noch viele verträumte Ecken da sind. Diese Gegensätze machen ihn so reizvoll.

Frühling heißt diese Zeit. „Ich glaube, wir werden alle eine Menge Schätze finden. Ich sehe meinen Garten jetzt schon mit anderen Augen," sagt Maren beim Abschied.

20. April, Christiane Büch

Ein Brief an alte und neue Gartenfreunde

In den letzten Tagen wurde mir deutlich, dass ich meine Gartenleute gerne zusammenbringen möchte. Sie sollen sich untereinander kennenlernen. Auch sollen sie eine gemeinsame Aufgabe bekommen, die mir selbst noch nicht so ganz klar ist. Irgendetwas Gemeinsames.

Mir scheint, als wäre es gut, wenn sie alle die gleiche Pflanze in ihren Garten brächten und dann einfach nur beobachten ... Ich möchte ihnen nicht verraten, welche Pflanze es ist und wie sie behandelt werden möchte. Meine Gartenfreunde sollen ganz auf ihre Intuition hören. Aber welche Pflanze?

Ein herzliches Willkommen!

Eigentlich gehören Frühlings-Rundgänge durch den eigenen Garten zum Beglückendsten. Gibt es doch jeden Tag neue Sprösslinge zu entdecken und neue Zwiebelblumen-Gesichter zu bestaunen (… habe ich die wirklich im letzten Herbst gepflanzt? Hmm, werde ich wohl … aber erinnern kann ich mich nicht.)
Gerade eben komme ich von draußen und bin schmerzlich berührt angesichts der Trockenheit! Habe schnell hier und dort mit der Kanne gegossen … Nun, vom Wetter reden will ich in diesem Brief nicht, liebe Gartenfreunde, obwohl ich Wettergespräche besser finde als manch anderes Gerede. Hier soll es natürlich um das Gärtnerglück und -leiden gehen. Und ich würde Euch liebe Menschen gern an einen Tisch bringen. Diese Vorstellung fühlt sich kraftvoll und gut an und sicher entsteht in solch einer Runde Ungeahntes.
Allerdings gibt es auch ein wenig Programm. Werdet Ihr schon neugierig? Als Termin möchte ich den 16. Mai, Pfingstmontag, um halb Vier vorschlagen. Zum Tee also und zu feinster Gartenzeit – zur Pfingstrosenblüte. Mit der Bitte um eine schnelle Rückmeldung wünsche ich allen ein gutes Frühlingserwachen.

Herzlich, Christiane Büch

20. April

Noch vor der Gartenpforte werde ich von frechen Tulpen der Sorte 'Micky Mouse' begrüßt.

28. April, Burkhard Gombault

Verzückend

Kurz vor 19 Uhr erreiche ich den Garten von Burkhard Gombault in Hamburg-Rahlstedt. Diese Adresse wurde mir von den Eheleuten Stumpf empfohlen mit dem Hinweis auf etwas ganz Ungewöhnliches, ich würde schon sehen ... An diesem Tag ist es nach gestrigem Frühlingsregen zum ersten Mal richtig warm und frühlingsfruchtbar. Ich parke vor großen Buchenhecken, gehe eine längere Auffahrt hoch und fühle eine neugierige Anspannung in mir. Rechterhand wächst und wuchert eine interessante Vielfalt, freche Tulpenfarbe zu Füßen. Ich fädele mich zum Eingangsbereich des Holzhauses zwischen das Geäst ein, gehe zwei Schlenker, schaue und schaue und verharre in einem Gedicht.

Der Garten steht im Rausch, im Vollbad der Frühlingsgefühle –
anders kann ich es nicht beschreiben.
Es singt und schwingt der ganze Garten.

Überall wächst Wiesen-Schaumkraut zwischen kleinblütigen Frühlingsblumen jeglicher Couleur, die mir zusammen mit dem Duft der Kirschblüten und anderen Wohlgerüchen die Sinne verwirren. Gerade kann ich noch daran denken, die Kamera herauszuholen. Es ist Zauberlicht, ein Glücksmoment für jeden Fotografen.
Langsam gehen wir die schmalen Pfade in das Pflanzengewirk hinein. Welch eine Vielfalt, welch eine Lieblichkeit: Primeln hauseigener Züchtung in allen Schattierungen, mit vergrößerten Kelchblättern und breiten Stängeln. Lungenkräuter, Nesseln, Wolfsmilch, Stauden-Vergissmeinnicht, Dreiblatt, Buschwindröschen, Klee ... alles

Der ganze Garten badet in Wiesen-Schaumkraut und wir gehen auf schmalen Pfaden hintereinander durch das Pflanzengewirk.

zwischen gerade sprießenden Farnen. Außerdem niedliche kleine Blümchen von sonst wo, die ich noch nie sah, mit hübschen silbergrauen Blättchen, die von felsiger Heimat erzählen. Daneben ein kleines Feuchtgebiet, wo *Adiantum vernustum*, das anmutige Venushaar, seine zarten Wedel beschützend über feine Moose spannt. Dazwischen blaue Zwergen-Mützchen, ausgefranste, winzige Glockenblütchen: *Pinguicula*, das Fettkraut, ein sensibles Torfmoorpflänzchen

hat hier seine Kinderstube. Weiß blühendes Zimbelkraut kriecht unter braunem Buchenlaub hervor. Schwanz-Meisen turnen durch den Garten und ich staune über die üppige Menge unterschiedlicher Dreiblatt-Arten im Schatten großer Bäume.
Schließlich sitzen wir noch auf der überdachten Terrasse. Es ist erstaunlich still. Langsam, langsam wird das Wiesen-Schaumkraut fahl und fahler, durchsichtiger und irgendwie kühl. Das rötliche Abendlicht verlischt. Die Farben werden grau. Das wunderbare Pflanzengewirk versinkt im Dunkel.

„Nach Jahren des Wühlens im Garten möchte ich ihn jetzt einfach nur beobachten oder vielleicht wie ein Dirigent behutsam lenken“, sagt Burkhard Gombault.

Burkhard Gombault, kommt so langsam ins Pensionsalter. In Ahaus in Westfahlen als Sohn eines Ornithologen geboren, ist er naturnah aufgewachsen. Pflanzen haben ihn zeitlebens interessiert und begleitet. Während der Ausbildung zum Zahnarzt gab es schon *Amaryllis*, Kamelien und Alpenveilchen in seiner Studentenbude.
Er erzählt, wie nun hier die erblindeten Menschen aus der Schulklasse seiner Frau durch den Garten gehen: schlafwandlerisch sicher, achtsam, von Duft zu Duft. Seine Frau ist Lehrerin für Sehbehinderte und wohnt in dem Haus auf dem vorderen Teil des Grundstücks, an dem ich vorbeiging. Die Eheleute sind nach einer Trennung wieder zusammengekommen, leben aber nun in zwei Häusern auf dem 1300 Quadratmeter großen Gartenland. Sohn und Tochter sind erwachsen.
Während der Rückfahrt denke ich noch über zwei Geschichten nach, die ich heute hörte: Burkhard Gombault bekam als Sechsjähriger zu Kriegszeiten zwischen Häusertrümmern von einem ebenfalls ausgebombten Nachbarn bunte Primeln geschenkt. Er pflanzte sie ein und fing an zu züchten. Sein heutiger Garten spricht davon Bände.
Und heute früh erzählte mir ein Kunde, dass er als Kind einen ovalen Ring aus Gänseblümchen in seinen Garten gepflanzt hatte. Glück und Stolz darüber schwebten in seinen Worten, als er mir davon berichtete, und dann tiefer Schmerz über den Anblick am nächsten Morgen. Seine Großmutter hatte eine abgeblühte Primel aus dem Haus zwischen die Gänseblümchen gesetzt, achtlos den Ring verwustet. Dieser Stich ließ seine Lust am Gärtnern versiegen.

11. Mai, Anna Jacobi

Keine Ecke ohne irgendetwas

Mamertus, Pankratius, Servatius, Bonifatius … wir haben heute den ersten der Eisheiligen, tatsächlich gab es leichten Nachtfrost und dann einen göttlichen Morgen. Nun, gegen Nachmittag, setzt Wind ein und ich bin auf dem Weg nach Kükels zu Anna Jacobi. Wir kennen uns schon viele Jahre, und der gut 4000 Quadratmeter große Garten ist mir vertraut.
Aber schon jetzt, während ich das schmale, landwirtschaftliche Sträßchen zu ihrem Haus hochfahre, fühle ich mich anders als bei meinen früheren Besuchen. Ich bin wirklich gespannt.

Annas Haus und zwei weitere Häuser stehen hier zwischen Feldern, Weiden und Wald am Hochufer des Mözener Sees. Es ist leicht hügelig und Annas Haus steht dem See am nächsten. Über eine in Serpentinen geführte Treppe durch Brombeergestrüpp und Wild-Rosen kann sie hinunter an ihren Badesteg gelangen. Am Ende des Sträßchens schimmert nun schon der tiefer unten liegende See durch das Geäst der Laubbäume. Herrlich, dieses junge Grün! Es tut der Seele so wohl …
Das alte Strohdachhaus steht auf einer Art Schanze, ist von Rasenflächen, Blumenbeeten, besonderen Laubgehölzen und großen heimischen Bäumen umgeben. Ahorne, Buchen, Hainbuchen und Eichen, Wild-Kirschen und Birken bilden den großen Rahmen. Einige Exemplare stehen frei auf diesem großen Grundstück und werden

bestaunt. Die große Buche im Steilufersaum lässt mich an Gemälde von Caspar David Friedrich denken. Besonders Mutige setzen sich auf die Schaukel, die an langen Seilen an einem Baum weiter links zum Waldrand hin hängt. Man schaukelt auf die Seefläche hinaus in den Himmel hinein.

„Ich fühle mich geehrt und bin gerne dabei", so empfängt mich Anna. Wir sitzen im Wintergarten, trinken Tee und sprechen über dieses Fleckchen Erde hier, welches von vielen Menschen als etwas Besonderes empfunden wird. „Es ist ein heiliger Platz", da sind wir uns einig.

Es ist ein erhabener Platz und man fühlt sich beschenkt,
wenn man in diesem Garten sein kann.

Wladimir kommt. Er will Gartenarbeit machen. Also gehen wir hinaus. Schon immer brauchte Anna Hilfskräfte für schwere Arbeiten auf dem Grundstück, nach ihrem Treppensturz vor kurzem natürlich besonders. Dennoch merke ich, wie sie manches lieber selbst in die Hand nähme. So hat sie jetzt, schwupps, auch schon wieder zugepackt, hält ein Büschel Binsenpflanzen in der Hand. „Sie werden zu üppig hier in der Tropfrinne unter dem Strohdach."
Anna Jacobi wird nächstes Jahr 80 Jahre alt, genau wie meine Mutter, und ich weiß, dass sie schon mit 14 Jahren ihr ungeliebtes Elternhaus verließ. Sie ging damals nach Berlin, wurde Tänzerin an der Staatsoper, heiratete einen Journalisten und lebte mit ihm in New York. Dann kehrten sie zurück und kauften dieses Haus – ein Ruhepol für ihren prominenten Mann und ein Nest für die Kinder. Nach der Scheidung lebt sie nun seit vielen Jahren alleine hier. Die beiden Kinder sind längst erwachsen. Haus und Garten, viele Freunde und besonders die Tiere – Hunde, Katzen und Vögel im Garten – sind ihr Lebensinhalt. Und was das Gärtnern betrifft, so ist sie gerade selbst erstaunt, was sie da tut, denn sie kraucht und werkelt im Garten herum bis zur völligen Erschöpfung: „Meine neueste Empfehlung gegen Rückenschmerzen ist Unkraut zupfen, zur Not auch auf der Erde liegend."
Wir schlendern noch ein wenig herum. Im Winter und Frühling fallen die Skulpturen und kleinen Kunstobjekte, von denen viele selbstgemacht sind, besonders auf. „Hier ist keine Ecke, kein Platz ohne was, sagte einmal eine Freundin", erwidert Anna auf meine Bemerkung, dass eigentlich alles ein Foto wert wäre.

Dies ist ein Schattensitzplatz beim Rosengarten an der dem See abgewandten Seite des Hauses.

11. Mai, Christiane Büch

Ende der ersten Runde

Nun sitze ich mit einem Glas Wein auf der Gartenbank, genieße den lauen Abend zusammen mit meinem Mann, der heute Geburtstag hat. Unsere Gäste sind ein Tonhuhn, es hockt gegenüber zwischen den noch zusammengefalteten Funkienblättern, und ein gut getarnter Falter auf einer immer kleiner werdenden Dichter-Narzissen-Blüte. Ich beobachte ihn heute Abend zum dritten Mal und wundere mich. Er scheint hier zu wohnen, mit uns zusammen. Er findet Heimstatt und Sicherheit auf einer Blume, die ich hier gepflanzt habe.

Ich fühle mich beschenkt und bin gerade sehr angerührt über alles, was in den letzten Wochen geschieht und ich geschehen lasse.

Soweit mein Alltag es zulässt, mache ich alles spontan und intuitiv. Und es geht viel einfacher, als gedacht. Alles fügt sich: Ich habe immer bestes Fotowetter; die Gärtnernden sind zu Hause, auch wenn ich unangekündigt „vorbeischneie“; und ich staune über goldene Momente in den Begegnungen mit diesen Menschen. Und ich freue mich gerade, dass auch Du dabei bist, liebe Leserin.

12. Mai, Christiane Büch

Mein Garten

Ich nehme mir in den Morgenstunden Zeit für meinen Garten, um endlich Gemüsesamen in die Erde zu bringen. Außerdem will ich Dir meinen Garten als Neunten in diesem Bunde vorstellen. Oder ist er der Erste oder die Nummer Null, das Zentrum dieses Buches? Schließlich hat er mich wachgemacht für so vieles: für kleine Phänomene im Garten, für zartes Wachstum, für das oft sehr individuelle Verhalten der Pflanzen – all das war in meinen vorherigen Gärten sicher auch da, es war mir nur nicht aufgefallen.
Mein Mann und ich leben in diesem Haus in Garbek seit fünf Jahren. Er hat es geplant und gebaut. Zweigeschossig steckt es zu einem Viertel im Hang. Nun gehen wir nach Süden hinaus auf eine von Blumenbeeten umgebene Terrasse. Die Farbstimmung ist warm und ich möchte hier keine weißen und pinkfarbenen Blumen haben. Es gibt farbiges Laub: eine Blut-Buchen-Hecke zur Straße und Gleditschien, *Gleditia triancanthos* 'Sunburst', stehen als Hochstamm und zweimal als Buschbäume an der Terrasse. Sie sollen als lichte, immer Freundlichkeit ausstrahlende Schattenbäume unser Herz erfreuen, was sie jetzt schon ganz gut können. Besonders die beiden Buschbäume geben sich alle Mühe. Mannshoch gepflanzt, haben sie nun die doppelte Höhe und spenden uns sanften Schatten über dem Essplatz. Normalerweise bilden sich Bäume gen Süden etwas stärker aus und streben vom Haus weg. Erstaunlicherweise ist es hier umgekehrt. Danke.

Nach Osten ist das Grundstück schmal. Ab hier darf die Farbe Weiß gerne Einzug halten, auch Gelb und etwas Blau, aber bitte keine Rottöne mehr. Natürlich gibt es bei solchen Ideen Über-

Beschützend neigen sich die beiden Gold-Gleditschien über die Terrasse und sind mit dem filigranen gelblich grünen Laub auch bei tristem Wetter ein Lichtblick.

gangsbereiche. Dort darf dann Weiß mit bläulichem Rot zusammen stehen und ein etwas pinkiges Rosa tut hier auch nicht weh.
Als ich vor einigen Jahren Goldlacksämlinge in der Nähe meiner bläulich roten *Paeonia tenuifolia* 'Plena' zwischen grün-weißblättrigen Nesseln, weißen Narzissen und rotlaubiger Mandelblättriger Wolfs-

CHRISTIANE

Rechts und links des Mittelweges führen kleine Wege in unseren Gemüse-Blumengarten.

Mein geliebter Ehemann Thomas realisiert so manche unserer Visionen selbst …

Mein Schlafzimmer liegt hinter den drei linken Terrassentüren und hat um die Hausecke herum noch ein Fenster. So schlafe ich zwischen Blumen.

milch wahrnahm, dachte ich nur: Die können hier nicht bleiben. Habe ich doch Gelb- und Rotbrauntöne an anderen Stellen, dort passen sie besser hin. Beim Wegnehmen übersah ich jedoch zwei Pflänzchen, die sich im Jahr darauf weinrot-cremefarben vorstellten. Und damit waren sie dann doch akzeptabel in diesem Beet.

Hinter dem Haus geht man fast ebenerdig aus dem ersten Stock in den Kräutergarten, und es schließt der alte Obstgarten an. Er verwöhnt uns mit verschiedenen Apfelsorten, Birnenquitten für das köstliche Gelee, Zwetschen für Kuchen, leckere orangegelbe Pflaumen und Renekloden zum Naschen. Über allen thront unser Hausbaum, die 'Bürgermeisterbirne'. Im Frühling summen und befruchten hier neuerdings eigene Bienen. Nach 15 Jahren Abstinenz haben wir uns wieder zwei Völker zugelegt. Aus den West-Fenstern schauen wir also in unseren Obstgarten auf dem nach Süden hin abfallenden Hang.

Der Eingangsbereich auf der unteren Ebene ist von Blumen in starken Farben gesäumt. Zudem gibt es zwei Raketenwacholder als Wächterbäume. Sie verstärken ein südländisches Flair, das wir durch terrakottarote Wandfarbe und geschwungene Mauern in unseren Garten geholt haben.

CHRISTIANE

Birken sind Lichtgestalten unter den Bäumen ... finde ich. Was meinst Du?

15. Mai, Monika Birkner & Fritz Haslbeck

Entdeckerfreuden

Pfingstsonntag. Für 11 Uhr sind mein Mann und ich wieder mit Monika Birkner und Fritz Haslbeck verabredet. Ich bin neugierig auf die Geschichte dieser Menschen: Was veranlasst in Potsdam arbeitende Menschen, hier in mehr als 300 Kilometern Entfernung zu ihrem Wohnort so aufwendig zu gärtnern? Wahrscheinlich haben sie als Kind schon geackert, denke ich und schaue die beiden erwartungsvoll an – und liege völlig falsch. Monika Birkner kommt aus dem Ruhrpott, wuchs in einem Zechenhaus ohne eigenen Garten auf. Sie bringt also keinerlei Kindheitsprägung aus dieser Richtung mit. Das Segeln hat ihr die Naturnähe schmackhaft gemacht, aber erst als junge Frau. Ein herbstlicher Fahrradurlaub in Schleswig-Holstein bei Regenwetter bescherte die Idee, sich hier ein winziges Häuschen mit Garten zu kaufen. „Nun, das Haus fiel etwas größer aus. Aber von Gartensachen hatten wir null Ahnung. Es gab nur ein paar Bäume und ungepflegte Wiese. Wir bestellten einen Gärtner in der Hoffnung, dass er was draus machen würde. Aber was soll ich sagen: Nichts funktionierte! Pflanzen waren völlig falsch gesetzt worden: Rhododendren im Lehmboden, Schattenpflanzen in der Sonne. Das alles entdeckten wir natürlich erst langsam mithilfe von Büchern. Wir haben Bodenproben gemacht und uns dann damit beschäftigt ..."

„... und es fing an, Spaß zu machen. Und dann war es eine Riesenfreude, als wir merkten, dass das mit dem Selbstgärtnern klappte. Ich experimentiere immer noch gern, habe in diesem Jahr erstmals Gemüse ausgesät: Sellerie, Kohlrabi ... Aber nicht wegen des Gemüses, sondern wegen des Experimentes!"

Monika

Hier hat Monika ein Stück vom Rasen umgegraben für ihre ersten Gemüsegarten-Experimente. Sie ist mehr als neugierig ...

„Das Gärtnern zu zweit war eine unheimliche Herausforderung", erzählt mir Monika Birkner weiter. Dieses kann wohl manch einer nachvollziehen, Eheleute sind oft gegensätzlich. Aber mittlerweile gleicht sich die Gartenerfahrung in dieser Paarbeziehung an. Fritz Haslbeck, ursprünglich auch gartenunkundig, war früher eher ausführendes Organ gewesen. Nun sind sie sozusagen auf Augenhöhe. „Ich fange an, Monikas Kreise zu stören. Jetzt entscheide ich einfach und mache drauflos", Fritz Haslbeck schaut auf seine Frau. „Vom Pflanzlichen betrachtet gibt es hier für mich ein zu großes Durcheinander. Mir ist ein einheitlicher, strukturierter Eindruck lieber."

Fritz ist noch nicht ganz zufrieden mit seinem Garten. Das Konzept stimmt zwar, aber es hapert noch an einigen Details … der Bachlauf gefällt ihm noch nicht.

Richtig spannend wurde es, als ein neu hinzugekaufter Gartenteil zu gestalten war. Sie war plötzlich mit Ideen ihres Mannes konfrontiert. Er hatte etwas ganz anderes im Kopf als sie. Seine Vorstellung von klaren Linien mit architektonischen Elementen fand sie schlicht scheußlich. Ihr größter Wunsch war eine Gartenmauer. Schließlich beauftragten sie eine Gartenarchitektin. Und Fritz Haslbeck zeichnete und baute dann die hohe Ziegelmauer zusammen mit einem Nachbarn. Sie ist eigenwillig geworden – traditionell und auch wieder nicht. Auch das Wasserbecken und die Betonelemente in Wellenform gefallen. Nur der Schlängel-Bachlauf aus Feldsteinen scheint Fritz Haslbeck nicht stimmig. „Es geistert etwas im Kopf herum wie Mikado.“ Sein Grundgedanke: Die von der Eiszeit geprägte Wellenform der Gegend soll sich in der Form des Bachlaufs widerspiegeln – als Kontrast aber mit geraden Linien, die er mit seinen Mikado-Vorstellungen noch zu verwirklichen sucht. Die Farbe Blau soll eine Rolle spielen und Lichteffekte auch.

Englandreisen und Bücher inspirieren ihr Tun: „Mein Mann liebt Geschichte und begeisterte sich schnell für die Gärten der vergangenen Jahrhunderte; insbesondere für die Gärten des 20. Jahrhunderts. Für uns gilt: erst lesen, um zu wissen wie es geht. Allerdings erlebe ich mich dann manchmal zu voll von Theorie, zu ängstlich und zu geizig. Ich wäge zu lange ab.“ Und im gleichen Zuge schwärmt sie von Strauch Pfingstrosen, mit denen sie seit einiger Zeit liebäugelt: weiß mit dunkelrotem Basalfleck.

Mokika

16. Mai, unser Pfingsttreffen

Alle kommen zusammen

Es ist ungemütlich regnerisch draußen. So fällt es nicht schwer, drinnen zu sein, um die Vorbereitungen für den Nachmittag anzugehen. Heute treffen alle Gartenbesitzer zusammen, die mit mir für dieses Buch auf Gartenentdeckungsreise gehen. Ich bin sehr gespannt.
Es kommen zehn Leute: Monika Birkner und Fritz Haslbeck, bei ihnen waren wir gerade gestern noch. In deren Nachbarschaft wohnt Ilka Mahro mit Familie, sie avanciert langsam zur professionellen Gartengestalterin.
Irmgard Gloge hat den Garten Ihres verstorbenen Mannes geerbt und tastet sich nun auf dem neuen Terrain voran.
Dann kommen Anke Stoltenberg, Mutter von vier Kindern und Biobäuerin mit Hofladen. Und Maren Schmidt – Du erinnerst Dich an Walter, ihren Mann, und seine originellen Gartenskulpturen? Anna Jacobi ist unsere Älteste, sie hat ein großes wunderbares Seegrundstück. Bei Burkhard Gombault zauberten die Frühlingsboten ein Meer aus Wiesen-Schaumkraut. Und die Eheleute Stumpf sind unser zweites gärtnerndes Ehepaar.
Nun sind wir mit mir und meinem Garten elf Personen in neun Gärten.

Nun die elf Pflanzen einpacken. Irgendwann war ja die Idee geboren, jedem der zehn Gartenfreunde und auch mir eine Pflanze derselben Art zu geben. Aber inkognito, ohne Etikett, ohne Hinweise auf Ansprüche. Ich will meine Gartenleute bitten, die Pflanze zu „fragen“, wo sie eingepflanzt werden will. Ja, wirklich zu fragen! Mal

Die wenigsten kennen sich untereinander, aber sie scheinen sich zu mögen, denn es wird fröhlich losgeplaudert …

schauen, was passiert. Es muss schon eine irgendwie besondere und seltene Blume sein, damit sie wirklich niemand erkennt – und außerdem ist eine besondere Pflanze für dieses besondere Abenteuer mit diesen wunderbaren Menschen mehr als angebracht, finde ich. Tagelang hatte ich überlegt. Nun sind es *Gillenias* geworden, Dreiblattspieren. Jetzt packe ich also *Gillenia trifoliata* ein. Während ich letzte Woche noch dabei war, mich nicht entscheiden zu können zwischen Dreiblattspiere und Kerzenknöterich, standen erstere mir dann bei einem Pflanzenkauf mitten im Weg – erstaunlicherweise, sind sie doch eher selten im Handel. Also nahm ich sie mit. Nun hefte ich noch einen Brief an die *Gillenias* im Papiermäntelchen.

Christiane

Liebe Gartenfreunde,

danke für Euer Kommen. Ich bin sehr froh über Eure Beteiligung, über Euer Interesse an meinem ungewöhnlichen und abenteuerlichen Vorhaben. Denn als solches wird man diese Schatzsuche wohl bezeichnen können. Ich möchte Euch bitten, eine bestimmte Staude in Euren Garten zu pflanzen. Das abenteuerliche Erleben daran wird sein, dass Ihr den Garten fragt, wo die neue Mitbewohnerin denn unterkommen soll. Stellt Euch in den Garten, mit der Pflanze in der Hand, und befragt ihn wie eine Person, laut oder leise: „Darf diese Pflanze in diesem Garten wachsen und gedeihen? An welcher Stelle?" Fragt auch das Pflänzchen: „Möchtest Du hier stehen oder lieber dort drüben?" Wenn Euch keine direkte Antwort in den Sinn kommt, wandert bitte mit der Staude durch den Garten und wartet auf einen Impuls. Sicher ist es gut, ganz langsam zu gehen ... hier und dort inne zu halten. Ich bin sehr gespannt. Gemeinsame Pflanzzeit ist Sonntag, 22. Mai um 11 Uhr. Und bitte schreibt alles auf! Schreibt Briefe, E-Mails oder vielleicht sogar ein Tagebuch? Ich möchte gerne wissen, was Ihr bei diesem Experiment erlebt. Was antwortet Euch der Garten auf Eure Fragen? Wann blüht das Blümchen? Was geht Euch dabei durch den Kopf?

Mit herzlichen Grüßen,
Christiane Büch

16. Mai

Es wurde geschlemmt und geschwatzt – Süßspeisen und Gartengeschichten machten die Runde. Gartenleute haben sich immer viel zu erzählen …

Jetzt decke ich den Tisch und bereite alles vor. Es gibt Obstsalat, Vanilleeis mit Himbeeren, ich fülle noch Gebäck in Schälchen und stelle einen Teller für den Schokoladenkuchen von Anke bereit. Kuchen backt niemand besser als Anke Stoltenberg. Zum Schluss noch Sahne schlagen, Tee und Kaffee kochen, Kerzen anzünden – als die ersten auch schon eintreffen … Oh, ich bekomme neue Pflanzen für meinen Garten geschenkt.
Nun bin ich sehr gespannt auf den Verlauf dieses Treffens. Wieder überlasse ich alles dem Moment, habe lediglich dieses Brieflein zum Einpflanzen der *Gillenia* verfasst. Nur für Anke habe ich mir etwas Besonderes ausgedacht: Ich möchte ihr vorschlagen, ein Stück ihres Gartenlandes nicht zu jäten, um zu schauen, was von selber kommt. Das ist das Einzige, was ich mir fest vorgenommen habe.
Das Treffen nimmt seinen Lauf. Einige kennen sich bereits, bald werden sich alle kennen …

Christiane

17. Mai, Christiane Büch

Wirklich gelungen gestern

Ich habe ein gutes, ein bestärktes Gefühl und bin erstaunt, wie harmonisch das Treffen war, wie gut mir das Vorstellen der Menschen und ihrer Gärten gelang. Ich ließ den Worten freien Lauf und es ergab sich einfach! Das Vorhaben steht unter einem guten Stern, scheint mir.

Wie interessant war das Treffen mit all den Gartenfreunden, die am Buch über die Gartenlust mitarbeiten. Viele freundliche, aufmerksame Menschen, die ihren Garten lieben – und Ilka ist auch dabei! Zum Abschied bekam jeder von uns eine unbekannte Pflanze. Schon durchs Papier ahne ich ihre Zartheit … vielleicht eine Elfenblume? Ja, zum Abschluss dieses Wochenendes kann es nur eine Elfenblume sein! Oder doch nicht? Ich nenne Sie vielleicht lieber frei nach meiner Fantasie „Feenpflanze". Dann ist sie nicht beleidigt, falls sie gar keine Epimedium, keine Elfenblume ist … Ich öffne den Papiermantel … oh, welch zarte, filigrane Erscheinung! Ich weiß, wir sind zu früh dran, aber ich kann am nächsten Sonntag nicht pflanzen … so trage ich heute schon meine Feenpflanze durch den Garten, frage sie, wo sie wachsen möchte. Oder möchte sie vielleicht gar nicht? … aber ich möchte doch, dass sie sich hier wohlfühlt. Verzagtheit breitet sich in mir aus. Aber ich sage mir: Nein, vertraue! Sie wird Dir sagen, was sie will und wenn sie nicht will, ist es auch gut! Ich stelle sie zurück und schließe den Papiermantel noch einmal. Ich traue mich noch nicht so recht …

17. Mai, Tagebucheintrag von Maren Schmidt

Gillenia trifoliata, die Dreiblattspiere, ist eine mittelhohe Staude und stammt aus Nordamerika. Sie mag leicht saure, humose Gartenerde und wächst gerne im Halbschatten.

Christiane

Hab Mut und
frage die Pflanze, wo
sie wachsen möchte.
Sei gespannt, welche
Töne sie von sich gibt.
Und wenn sie schweigt,
kommst Du eben in
den Genuss von einem
Moment der Stille.

„Guten Morgen, meine schöne Gesandte aus dem Feenreich,

ich fühle mich heute wohler in meiner Haut. Ich werde noch einmal versuchen, für Sie ein rechtes Plätzchen zu finden!", so spreche ich mit klopfendem Herzen zum ersten Mal meine Blume direkt an.
Gestern war mir das noch nicht gelungen. Nun aber nicht mehr den Kopf einschalten! Nein, sie selbst soll es mir erzählen: „Wie heißen Sie? Wie wachsen Sie? Und was lieben Sie, Verehrteste? ... und überhaupt: Wie geht es Ihnen?" Ich trage das Blümchen durch den Garten und frage: „Wo möchten Sie denn Einzug halten?" Nein, so was, sie will tatsächlich bei der Sandkiste hinter dem Birkenstämmchen stehen. „Sind Sie sich sicher? Ja?" ... oder ob sie erst einmal schauen will, ob es ihr hier gefällt? Will sie klettern? Vielleicht deshalb beim Birkenstämmchen ... oder will sie dort nur ein wenig kuscheln?

18. Mai, Tagebucheintrag von Maren Schmidt

18. Mai, Anke Stoltenberg

Ein Garten für die Kinder

Bei unserem ersten Treffen hatte es geregnet. Heute scheint die Sonne und es weht ein trockener Wind, als ich an diesem Samstagnachmittag bei Stoltenbergs auf dem Hof stehe. Mutter Anke, Anna, die älteste Tochter, und Helene, die jüngste, finde ich im Gemüsegarten.

Einigermaßen erstaunt stehe ich vor dem etwa 150 Quadratmeter großen Gemüsebeet der Kinder und merke, dass ich etwas anderes erwartet hatte: etwas Verspieltes, etwas ungeübt Chaotisches. Alles andere jedenfalls als dieses fast Professionelle, was sich hier zu meinen Füßen darbietet. Klar, es ist nur natürlich, durchfährt es mich dann. Es sieht genauso aus wie bei ihrer Mutter. Ich schaue die Reihen an: wie auf dem großen Acker, Gemüsesorten wiederholen sich. Anke hat Buch geführt, deshalb weiß sie es noch ganz genau: „Wir drei und Ferdinand haben am 11., 13. und 14. April gesät und gepflanzt, Auguste erst am 20. und 21. April. Anna und Helene haben ein Beet zusammen, weil Helene es noch nicht alleine kann." Die Größte bringt der Kleinsten alles bei und die beiden sind gern zusammen.

Anna und Helene haben Schnittsalat, Möhren, rote Kartoffeln, Erbsen, Malven, Kohlrabi, Mais, Spinat und Zwiebeln auf ihrem Stück rechterhand, bis unter die alten Eichen. Ach, und ganz wichtig: Sonnenblumen! Pferdebohnen sind von selbst gekommen.

Ferdinand wollte Kartoffeln, Zwiebeln, Erbsen und Kohlrabi. Bei Auguste wachsen Erbsen, Mais, Möhren, Malven, Sonnenblumen und Zwiebeln. Augustes Gemüse steht besonders gut.

„Direkt nach der Ausbildung habe ich noch im Ausland Erfahrungen gesammelt, in Australien und den USA." Anke erzählt noch davon, die Jätekralle wuselt und Helene trägt das Kraut zu den Schweinen.

Anke ist bäuerlicher Herkunft. Lernte ländliche Hauswirtschaft und bildete sich weiter zur Hauswirtschaftsleiterin, mit Schwerpunkt für Garten und Gartenplanung.
So sät und pflanzt sie auch in ihrem Garten nach Plan, sie betreibt Vierfelderwirtschaft. Geschwind wandert die Jätekralle zwischen den Kräutern und Sämlingen herum. Unkraut raus, Kräutersämling umgepflanzt.

Das Kräuterbeet ist fertig und Anke zufrieden. Mehr hatte sie sich nicht vorgenommen für heute. „Ich nehme mir immer wenig vor im Garten, sonst wäre ich dauernd frustriert" lacht sie.

Liebe Anke,

mir ist die Sache mit der „Naturfläche" noch einmal durch den Kopf gegangen. Du weißt schon, das Stückchen Land, das wir einfach sich selbst überlassen wollen – ganz ohne ordnende Hand des Gärtners.
Diese Fläche wird mir immer wichtiger. Nämlich wird sie zeigen, dass unsere Erde etwas hervorbringt, ohne dass wir gesät haben. Und wenn wir uns die Pflanzen dann genauer betrachten, sind es vielleicht Heilpflanzen oder andere Nutzpflanzen, Wurzelgemüse, Blattgemüse, Teepflanzen ... wirklich sehr spannend!
Und für Kinder eine vertrauensvolle Erfahrung: Irgendwie tröstlich, was so alles von allein wächst – findest Du nicht auch?

Liebe Grüße, Christiane

18. Mai, Brief von Christiane Büch

Hallo Christiane,

ich freue mich schon auf unseren Versuch. Wir sind alle gespannt, welchen Weg die Natur gehen wird, wenn wir sie einfach machen lassen. Wir haben uns jetzt für ein Stück von Annas Garten entschieden – hier werden wir nicht mehr jäten, sondern das Unkraut beobachten. Du weißt schon, dort, wo früher einmal die große Zypresse stand. Anna ist einverstanden, sie ist stolz, dass das Experiment in „ihrem" Garten stattfindet.

Herzliche Grüße, Anke

21. Mai, Brief von Anke Stoltenberg

22. Mai, Christiane Büch

Pflanztag unter gutem Stern

Es ist ein wahrer Mai-Sonntag, sonnig und milde – wie geschaffen zum Lustwandeln und Puzzeln im Garten – und zum Einzug der neuen Pflanze. Denn auch ich habe mir ja eine *Gillenia* „geschenkt“.

Der Garten scheint mich zu erwarten, oder? Und ich bin in freudiger Anspannung. Dann geht die Reise los, mit der Pflanze in der Hand. Ich frage den Garten, ob er diese Blume möchte – in Gedanken, nicht laut. „Mit Vergnügen und gerne", lautet die Antwort in meinem Kopf. Ich frage, ob sie auf der Südseite stehen soll, vor dem Haus: „Auf keinen Fall.“ Ich steuere verschiedene Plätze an – keine Antwort. Ich komme zur Bank unter dem Götterbaum, wo ich vor drei Jahren meine erste und letztes Jahr zwei weitere *Gillenias* gepflanzt hatte. Lissie, unsere Katze, geht die ganze Zeit mit und setzt sich nun neben mich. „Soll ich die neue Pflanze hierher zu den anderen setzen?“, frage ich weiter. „Nein ... wir wollen hier weg, wir kommen hier um!" Stimmt, eigentlich ist dieser Platz zu eng, zu schattig geworden. Ich hätte die beiden *Gillenias* letztes Jahr nicht an diese Stelle setzen sollen. Also brauche ich drei neue Plätze. Ich finde ihn für unsere Pflanze auf der Ostseite des Hauses, im grünweiß-gelblichen Bereich, neben dem Treppenweg – nur dort will sie sein. Abends pflanze ich auch die anderen *Gillenias* um und lustwandle dann nur noch. Fotografiere und wundere mich über die vielen sternförmigen kleinen Blütengesichter in meinem Garten.

Seitdem ich *Euphorbia* 'Diamond Frost' mit den vielen kleinen weißen Blüten habe, also seit Pfingsten, fliege ich auf Sternchen. Es fängt bei den Teppichen weißer Doldenblüten im Kräutergarten an, geht über Waldmeistersternchen zu Fliederdolden, die ja auch aus vielen kleinen Sternen bestehen. Nun knie ich vor einer Salatrauke nieder und fotografiere. Viersternig, kreuzblütig, cremefarben mit bräunlicher Äderung und gelbem Pollenauge – wildhaft und zugleich elegant.

Frühling ist einfach Sternchenzeit! Milchsterne, *Ornithogalum umbellatus* und auch *Ornithogalum nutans,* blühen am Hang. Erstere haben sich von selbst in meinem Garten eingefunden. Der Milchstern heißt auch 'Stern von Bethlehem', schön, nicht wahr? Alles voller Sterne ... Mit kleinen blauen Sternchen präsentieren sich auch die vielen, vielen Vergissmeinnicht und Ehrenpreis-Arten. Sternchen in Kugelform bieten mir die Zierlauch-Arten. Und die Blütenstände der Camassien, hellblau, grazil und zu einer Kerze aufgetürmt, sollen meine Sternenkunde hier mit einem Tusch zum Abschluss bringen ... Sterne, Sterne überall. Was für ein Tag! Wo wohl meine Gartenfreunde ihre *Gillenia* hingepflanzt haben?

Mit Euphorbia 'Diamond Frost' fing sie an, meine Sternguckerei.

Liebe Frau Büch,

beide Pflänzchen, die mein Mann und ich von Ihnen bekommen haben, haben ihren Platz im Garten gefunden. Aber das war gar nicht so einfach – jedenfalls für mich nicht, denn ich bin ein Kopfmensch! Ich habe immer wieder gezögert: Soll ich wirklich wie ein Wünschelrutengänger durch meinen Garten gehen, immer auf der Hut, ob meine Pflanze mich am Rockzipfel zieht und mir zuruft: „Halt, hier möchte ich hin!"?
Ich ging dann durch den Garten, ohne Blume. Und habe ihn sofort gefunden, den Platz an der Terrasse, wo ich sie ständig im Blick hätte, meine Unbekannte.
Heute, kurz nach elf habe ich dann mein Pflänzchen genommen und ihm den Garten gezeigt. Mehr noch, jetzt wollte ich es doch wissen. Ich ließ mich darauf ein, hörte auf zu denken und versuchte nur zu spüren. Kopfmenschen tun sich schwer beim Spüren.
Wir schlenderten also gemeinsam durch den Garten und ich zeigte meiner Pflanze den für sie vorgesehenen Platz voller Stolz. Sie schwieg. „Hey, ist er nicht wundervoll? Was meinst Du?" Sie schwieg. Ich ging mit ihr zurück. Plötzlich fühlte ich einen kleinen Impuls: „Aha!" Aber der Platz, den sie sich ausgesucht hatte, gefiel mir nicht. Viel zu schattig. Außerdem kann ich sie dort von der Terrasse aus nicht sehen. Aber ich hielt mich an die Vereinbarung, dass die Blume sich ihren Platz selbst aussuchen soll – auch wenn ich nicht überzeugt bin. Ich pflanzte sie also an „ihrem" Platz ein, voller Zweifel.
Und wenn ich mich nun „verhört" habe? Pflanzen können nicht reden. Zu einem Kopfmenschen schon gar nicht ...

28. Mai, E-Mail von Monika Birkner

28. Mai, Friederike & Konrad Stumpf

Tausche Christrose gegen Päonie

Mein Mann und ich sind auf dem Weg zu den Eheleuten Stumpf. Es ist Sommerwetter mit 28 °C im Schatten, was den Frühlingsblumenflor wie Strohfeuer abblühen lässt. Ob die Strauch-Päonien wohl noch in Blüte stehen? Wo wohl die *Gillenias* ihren Platz gefunden haben? Und neugierig auf die gärtnerischen Wurzeln der beiden bin ich auch.

Vögel und Frösche präsentieren ein lautstarkes Konzert, als wir auf der Gartenterrasse Platz nehmen. Unser Gastgeber geht Tee kochen. Ich lausche und schaue und gebe meiner Neugierde nun die Zügel frei. „Dieser Garten", beginnt Friederike Stumpf „erinnert an den Garten meiner Großeltern. Wahrscheinlich sucht man sich intuitiv so etwas wie dort, wo es so schön war. Auch das elterliche Grundstück von meinem Mann hatte Wald vor der Haustür."

Konrad Stumpf ist mit Garten aufgewachsen – stammt hier aus Bad Oldesloe, auch sein Bruder gärtnert. Er kommt mit dem Tee und erzählt: „Ich kriegte als Kind so ein kleines Stück Land im Garten von Großmutter. Damals hatten wir jemanden, der den Garten machte. Der hat mir einiges beigebracht – wie man mit der Sense mäht, holländert, rigolt, also Land mit dem Spaten urbar macht. Es hat mir gut gefallen mit ihm. Irgendwann war es dann aber vorbei. Erst mit Friederike zusammen wurde das Gärtnern neu gezündet." Sie ergänzt: „Vor diesem Garten, den wir vor elf Jahren anlegten,

Friederike

gab es einen Kleingarten, aus dem wir vieles hierher brachten. Das war eine intensive Zeit. Eine Zeit, in der wir auch versucht haben, etwas zu bewegen in Richtung ökologischer Gartenbau. Konrad ist sogar in den Vorstand des Kleingartenvereins eingetreten. Es waren schöne Erlebnisse – auch mit unseren drei Kindern dort auf dem Gelände." Die beiden Stumpfs erinnern sich sehr gerne an diese Zeit, das merkt man.

Und ich fühle ganz deutlich, dass Pflanzen im Leben dieser Menschen immer von großer Wichtigkeit gewesen sind und dass sie im Zentrum ihres Lebens standen.

„Und – sind die Kinder pflanzeninteressiert?" Ich bin neugierig und erfahre, dass die Jungen den Alten in dieser Angelegenheit nachfolgen. Nun möchte ich alles zur Christrosen-Leidenschaft der beiden wissen. Es fing mit *Helleborus foetidus* an, dann kam *Helleborus niger*, die jetzt im Vorgarten steht, dann *Helleborus orientalis* und andere mehr. „Und plötzlich ist eine andere Stufe erreicht", sagt Konrad Stumpf. „Wenn man zu viel hat, dann fängt etwas Neues an. Man kann Pflanzen abgeben oder tauschen. So haben wir *Helleborus foetidus* an eine Baumschule gegeben und ich konnte mir etwas anderes dafür aussuchen." „Es war frech", Friederike Stumpf fällt mit ein, „er hat sich die Strauch-Päonie genommen!" – allgemeines Gelächter, weil es eine deutlich teurere Pflanze ist. „Es war die weiße, da hinten blüht sie." Nun gehen wir weiter in den Garten hinein. Bin sehr gespannt, wo die beiden *Gillenias* ein Zuhause gefunden haben. Konrad und Friederike Stumpf haben jeder eine bekommen und sie sofort erkannt. Einen der Standorte errate ich. Es ist seine Pflanze, die unten am Sauna-Platz bei den Funkien steht, und nicht die ihre, wie ich annahm. Ihr Exemplar wird bald erblühen und steht am Teich, wo sie es gut sehen kann. Ein Stück weiter entdecke ich zwei bildschöne, weinrote Frauenschuh-Blüten schon im Halbschatten der großen Bäume.

Und dann erschrecke ich fast ein bisschen über den tierisch anmutenden Blütenstand von *Arisaema utile*, dem Feuerkolben. Meine Güte, damit habe ich nicht gerechnet. Die Aronstabgewächse haben immer etwas Unheimliches an sich. Diese schlundigen Blüten sind Braun mit weißen Streifen – wie junge Wildschweine. Dann schwenkt mein Blick hinüber zum goldgelben Teppich des Brennenden Hahnenfußes ...

Arisaema utile, der Feuerkolben, stammt aus dem Himalaya und gedeiht nur in humosen Waldböden – eine Liebhaberpflanze.

Strauch-Pfingstrosen gedeihen gut im Halbschatten und verblühen dort nicht so schnell.

Wieder zu Hause brauche ich Plätze in meinem Garten für einige Raritäten Stumpf'scher Herkunft: für *Hydrangea involucrata*, zwei Bitterorangensämlinge und verschiedene winterharte Fuchsienstecklinge. Ich genieße aber erst einmal den lieblichen Abend, die weiche Schönheit der blühenden Tamariske, die schwarzroten Strauch-Päonien-Blüten im Blau der Akelei.

Ich feiere den Moment und denke an den Nachmittag zurück, dankbar und erfüllt von der Offenheit und Freundlichkeit dieser Menschen, die mir so viel von sich erzählten. So fröhlich und schalkhaft und doch so ernst.

FRIEDERIKE

29. Mai, Burkhard Gombault

... urwaldmäßig sage ich Dir

Bei 31° C trete ich in den duftschwangeren Garten von Burkhard Gombault ein, der mir sofort von seiner Freude über die *Gillenia* erzählt. Im Frühling war er auf dem Spezialitäten-Pflanzenmarkt am Kiekeberg gewesen, hatte sich eine *Gillenia trifoliata* zurücklegen lassen und nachher vergessen, sie abzuholen. Tja, und nun war doch eine in den Garten gekommen ... Und schon sind wir eingetaucht in die Pflanzenwelt, stehen vor einer Lilie im Knospenstadium. „*Martagon*-Formen, alles Sämlinge der Türkenbund-Lilie”, sagt er voller Stolz und ich sehe die typische Form mit ziemlich kleinen, hängenden Blüten.

Wir gehen den schmalen Weg entlang, ganz langsam, während ich meine Augen umherflitzen lasse. Da, die seltene *Primula japonica* 'Postford White' zwischen Farnen, Waldmeister und grünweiß-blättrigem Lungenkraut. „Wunderschönes Weiß, nicht wahr? Sonst blühen sie ja meistens violettrot, die Etagen-Primeln ...“, sagt Herr Gombault. „Und hier eine Wildform der Götterblume, sie wächst nicht so gut. Aber die Wald-Astern, *Aster divaricatus*, machen ihrem Namen alle Ehre. Sie sind schön und dürfen eigentlich in keinem Waldgarten fehlen.“ Plötzlich wieder dieser Duft! So ein Duft ... intensiv und unbekannt. „Es ist die Abelie“, werde ich aufgeklärt und bewundere das Ensemble: Eine Flut zierlicher zartrosa Blüten an einem fast mannshohen Strauch sind umgeben von Akelei in Rosatönen. Dann ein Wegerich. „Ach, ich komme gerade nicht auf den Namen ... ich habe ja einen Wegerich-Tick“, Burkhard Gombault lacht. „Auf die achtet kein Mensch!“ „Doch, doch”, halte ich dagegen und weiß, dass es eine alte Zauberpflanze ist. „Ich habe den Rotlaubigen an mehreren Stellen.

Die Etagen-Primel 'Postford White' fällt immer wieder sortenrein aus den Samen aus.

Die Dreiblattspiere hat sich Vergissmeinnicht als Nachbarn ausgesucht.

Und letztens entdeckte ich einen kleinen, ganz, ganz schmalblättrigen Wegerich in meinem Garten." „'Rosularis', den Weißbunten, gibt es hier auch noch, jetzt habe ich mir *Plantago media* mitgebracht, aus dem Harz." Die Begeisterung ist Burkhard Gombault anzuhören.

Wir gehen weiter und ich höre, während meine Augen umherstreifen: „*Codonopsis*, die Tigerglocke ... und hier wuchern die Wald-Erdbeeren zu doll. Da die Iris, heute Morgen war sie noch schön, sie wird ganz zugewuchert. Daneben ist eine Orchidee, die sich selbst ausgesät hat." – Ich sehe gar nichts. Zu viel Blattwerk, mein Gegenüber hält es beiseite. „Da, ja ... hallo! Da muss aber die

BURKHARD

Akelei dringend weg." „Ja, weiß ich nicht", meint der Gärtner, „mal sehen." Wir bewundern ein Kaukasusvergissmeinnicht mit grünweißem Blatt – herrlich.
„Haben Sie Ihre *Gillenia* schon gefunden?" Burkhard Gombault lacht schelmisch: „Da, da steht sie." „Wunderbarer Platz!", rufe ich aus. Daneben viele feine Gräser: *Milium effusum*, die Waldhirse, und *Melica ciliata*, das heimische Wimper-Perlgras. „Und dies sind Sämlinge von *Polystichum falcatum*, jetzt sind sie drei Jahre alt – sehen schon gut aus. Dieser immergrüne Schildfarn schmeißt im Frühjahr seine Blätter ab und treibt dann neu aus. Dahinter *Arachniodes* und hier ist ein ... ein ... ich muss aufs Schild gucken – mit Farnen habe ich erst angefangen." Burkhard Gombault bückt sich nach unten. „Erst angefangen?" Ich staune, denn hier wachsen überall die schönsten Exemplare und Seltenheiten. „Ich meine ja nur, dass die Namen sich noch nicht im Kopf gefestigt haben", lacht er.
Schließlich landen wir in der Pflanzen-Kinderstube. Töpfe mit Sämlingen, etliche Herbst-Krokusse, Stecklinge von einer zwergwüchsigen Felsenbirne, verschiedene Doldengewächse wie das Laserkraut, daneben Narzissen, Trillien, Lilien und Alpenveilchen – alle abgedeckt mit Maschendraht gegen Amseln auf Futtersuche.
Und dann Burkhard Gombaults Spezialitätenkabinett, *Myosotidium* zum Beispiel, ein neuseeländisches Vergissmeinnicht. Etwas ganz Besonderes. Seetang und Seegras, gehäckselter Kork – alles gehört zum Substrat, um es heranzuziehen. „Schwierig, schwierig...", sagt er. „Von fünf Samen ist ein Pflänzchen gekommen. Na ja, und die Schnecken ..."
Und so gehen wir weiter zum Garten der Ehefrau und bleiben stehen unter einem mistelübersäten Apfelbaum. Eigentlich wachsen in unseren Breitengraden keine Misteln. Hier wurde anfangs nachgeholfen, nun wandern sie durch den Garten. *Poncirus*, der Bitterorangenbaum hat Früchte angesetzt. „Meine Güte, war das ein Blütenberg im Frühling gewesen, irgendwie heilig", erinnere ich mich. In diesem Teil des Gartens gibt es besonders viele duftende Pflanzen, auch viele Rosendüfte, und ich höre noch einmal von den blinden Menschen, die hier die Gelegenheit finden, zu schnuppern. Ich schnuppere auch.

Der Tag neigt sich, wir sitzen auf der Terrasse des Holzhauses, einem göttlichen Platz. Überdacht und von der Abendsonne erwärmt, von Pflanzen und Düften umgeben, in Vogelgesang gehüllt, trinken wir Tee und gucken noch nach Misteln in diesem Gartenteil.

Burkhard hat es geschafft, Misteln anzusiedeln. Nun droht der alte Apfelbaum unter der Last zusammenzubrechen.

Hier hat wahrscheinlich die Dorngrasmücke eine „hineingepflanzt". Wir betrachten einen kleinen Sämling, der aus dem Holz eines Zweiges herauswächst.
Nun verabschiede ich mich. Dankbar und ein bisschen wie in Trance fahre ich nach Hause. Ich lache vor mich hin und erfreue mich an dem schönen Sommerabend. Ich bin noch halb in jenem Garten, der vor Vielfalt wabert. Die Bereiche sind wie Gedichte und mit ihrem Gärtner verbunden – verwurzelt, verwachsen, verdreht, verflochten.

BURKHARD

Lieber Konrad Stumpf,

beim genüsslichen „Verdauen" Ihres Mai-Gartens leuchtete plötzlich der gelbe „Hahnenfuß-Fleck" in meinen Gedanken auf. Die meisten Gärtner dulden diese Pflanze nicht in den Beeten. Darf ich Sie fragen: Warum ist er da? Warum haben Sie ihn gelassen?

29. Mai, Postkarte von Christiane Büch

Liebe Frau Büch,

Wenn Sie wüssten, was Sie mit Ihrer Postkarte ausgelöst haben. Der „schöne gelbe Hahnenfuß" direkt neben den Feuerkolben fuchst mich eigentlich schon seit dem zeitigen Frühjahr (als er noch nicht blühte, sich aber unmäßig breit machte). An der Stelle habe ich vor zwei Jahren Lilien-Samen, genauer gesagt Lilium martagon, ausgesät. Und vorher das Beet, wie ich meinte, gut sauber gemacht. In diesem Jahr hoffte ich auf ein Keimen der Samen und traute mich nicht, in diesem Fleckchen Erde herumzufuhrwerken. Kurz nach Ihnen war ein Freund bei uns und fragte mich beim Gang durch den Garten, wo denn eigentlich seine schönen Martagon-Sämlinge geblieben seien. Ich wies nur auf den Hahnenfuß. Er darauf: „Ja, weißt Du denn nicht, dass Liliensämlinge anfangs freien Boden brauchen?" Also retten, was zu retten ist ...
Dabei habe ich beim Saubermachen noch eine sinnliche Erfahrung gemacht: Der Hahnenfuß ist, wenn er erst einmal angehoben wurde, sehr gut zu ziehen, während er sonst immer so schnell über der Wurzel abreißt. Es hat richtig Spaß gemacht. Und weil es so schön ging, habe ich dann gleich noch an anderen Plätzen konsequent weitergemacht.
Insgesamt drei Schubkarren voll.
Ach übrigens: Beim Durcharbeiten des Beetes habe ich doch noch etwa fünfundzwanzig Liliensämlinge gefunden und umgesetzt. Mal sehen, was noch drin ist, im Hahnenfuß-Dickicht ...

Herzliche Grüße, auch von meiner Frau,
Konrad Stumpf

1. Juni

Konrad Stumpf hat eine ganze Schubkarre voll Hahnenfuß und anderes Pflanzengewirk aus dem Boden geholt und dabei doch noch die Türkenbund-Sämlinge gefunden … welch eine Freude.

Es ist gar nicht nötig, die Pflanzen zu beherrschen. Es reicht, sie zu bewundern.

Liebe Gartenfreunde,

die „Einpflanzerei" unserer Staude schreibt bereits wunderbare Geschichten. Was ich in den letzten Tagen bei meinen Besuchen bei Euch so hörte oder was Ihr mir geschrieben habt, ist wirklich spannend. Ich danke Euch ganz herzlich für das achtsame Hantieren mit diesem Pflänzchen und dafür, dass Ihr Euch darauf eingelassen habt.

Nun ist es interessant zu verfolgen, welches Exemplar zuerst blüht und wie lange ... und was es uns zu sagen hat. Ich bitte Euch, weiter zu Eurer Pflanze zu gehen. Vielleicht setzt ihr Euch sogar ein wenig zu ihr, mit Notizbuch, und seid ganz Ohr. Ich bin es auch und folge meinen Impulsen. Und so dachte ich mir gerade, dass es schön wäre, den Sonntagmorgen beizubehalten. Wir hatten unsere Pflanze alle an einem Sonntag um 11 Uhr eingepflanzt, da wäre es doch schön, wir besuchen sie jetzt auch gleichzeitig wieder, bis zum Frost. Und bitte Ihr Lieben, seht dies nicht als „Termin", als Pflicht, sondern lasst es uns als eine erheiternde Möglichkeit sehen, den Sonntagmorgen zu gestalten.

Ganz herzlich ... und bis dann.
Christiane Büch

1. Juni

6. Juni, Ilka Mahro

Balance und Harmonie

Das kühle, regnerische Wetter hält an und dabei ist es immer wieder sehr windig, manchmal stürmisch sogar. Aber der heutige Morgen ist weich, als ich bei Familie Mahro eintreffe. Ilka steht an der Gartenpforte, die neu eingesetzt wurde. Eine schöne schmiedeeiserne Pforte und Pfosten mit eingelegten Blattranken – fein gemacht. Sie überlegt, ob sie noch Kugeln auf die Pfosten montieren lassen sollte. „Ich finde nicht", sage ich spontan. Und schon stehen wir im Blütenmeer dieses Gartens. Ich sehe viel unterschiedlich strukturiertes, farbiges Blattwerk.

Ich spüre eine weibliche Schwingung, eine Blumenfreude und Lust zur Schönheit.

„Da schau, meine Rose aus Marokko hat Knospen. Dieses Geschenk eines Beduinen hat die Reise in Lehm und Bast verpackt bestens überstanden." Nun wächst die Rose aus der Sahara in Schleswig-Holstein und gedeiht. Meine Augen schweifen umher – auf *Gillenia*-Suche – wissend, dass Ilka sie bereits in ihrem Garten hatte und sie also kennt.

Wir stehen nun bei einer kleinen Ansammlung von Gebäuden: Ein Treibhaus und Stallungen mit Umtopfplatz vermitteln das Gefühl eines Innenhofs. „Topfst Du viel?", frage ich, obwohl ich die Antwort schon ahne. Sie nickt. „Wenn Du noch etwas zu tun hast, Ilka ...", ich mache eine Geste mit der Hand, will sie nicht aufhalten. Schließlich hat sie den Garten heute wieder für Besucher geöffnet. „Klar, immer ...", sagt sie und flitzt mit der Jätekralle zwischen den Stauden herum, lockert hier und dort und ruft dann: „Hier, eine Linarie! Die muss jetzt in einen Topf, weil ich sie nicht wegschmeißen mag. So etwas zählt ja nicht zur eigentlichen Gartenarbeit, aber es geht viel Zeit damit weg." Das Jäten geht eigentlich ganz schnell, sind wir uns einig. „Hüten muss man sich vor spontanen Umpflanz-Ideen wie dieser, die können große Kreise ziehen. Plötzlich hat man im ganzen Garten kleine Baustellen, denn eine Maßnahme zieht die nächste nach sich." ... Gelächter ... „Aber gerade das macht Spaß!" Sie geht die Linarie topfen und ich hinterher. Immer schauend, ob ich nicht iirgendwo die neue *Gillenia* entdecken kann. Möglicherweise steht sie beim Teich. Bestimmt steht sie beim Teich, denke ich und schon höre ich mich fragen: „Magst Du mit mir um den Teich gehen?" „Klar, vielleicht treffen wir ja die Ringelnatter. Sie mag es allerdings warm und geht ins Treibhaus. Sie hat mich dort schon einmal angezischelt. Wir fühlen uns geehrt, dass sie hier ist. Und schau, sind die Frösche nicht riesig?" Allerdings!

„Hab ich Dir schon die Geschichte erzählt, als wir den Teich baggern ließen? Ich sah einem Vogel beim Baden zu. Plötzlich hüpfte ein Frosch ihn an, biss sich an ihm fest und zog ihn in die Tiefe." „Den Vogel?", frage ich entsetzt. „Ja, es war so. Dieses Erlebnis zeigte mir: Es gibt noch eine andere Welt da draußen, eine, von der wir kaum eine Ahnung haben ..."

Es kommen Leute. An jedem ersten Sonntag eines Monats ist ihr Garten dieses Jahr offiziell geöffnet. Es gefällt ihr gut. Man hat aber auch Momente von Hetze. So erzähle ich ihr von meinem Erleben mit dem Öffnen meines Gartens. Dass ich nicht mehr dazu gekommen war, nach dem Lustprinzip in meinem Garten zu arbeiten, wie ich es zu tun pflegte. Der Garten war früher zu jeder Zeit schön und ich ging auch immer mit Kunden hinein, wenn ich ihnen etwas in natura zeigen wollte. Das Wochenende des „Offenen Gartens" setzte aber einen bestimmten Termin, zu dem ich es ganz besonders schön haben wollte. Ich war in ein Anspruchsdenken hineingeraten ... tat, was mein Kopf meinte und nicht meine Intuition. Wie dumm. So habe ich mich an manches herangeprügelt während der Saison, die mich eigentlich als Gartenplanerin so heftig einspannt. Mancher Stress ist hausgemacht, stellen Ilka und ich fest, vieles erledigt sich

Ilka mag die versamten Pflänzchen im Beet nicht einfach wegjäten, sondern topft sie ein. Es macht ihr Spaß und bestenfalls verkauft Sie sie dann.

von selbst. Jedenfalls ist weniger Aufwand nötig, als wir meinen. „Und der Garten kommt eine Zeit ohne uns aus, wenn's uns einmal nicht so gut geht. Solche Phasen gab es dieses Jahr auch." Ilka ist gelassen, es muss im Garten nicht alles perfekt sein, es darf ruhig „nach Leben" aussehen.

„Ich finde es schön, wenn die heimische Natur durchguckt, wenn wir sehen und spüren können, welche Pflanzen hier eigentlich zu Hause sind", sagt Ilka. „Warum sollen wir das Unkraut fremder Länder päppeln und das eigene herausreißen, wenn's doch gerade gut passt? Wie hier hinten am Teich, hier jäte ich fast gar nicht."

Ganz in der Nähe der Weinballons, an der Westseite des Hauses, hat Ilka ihre Gillenia eingepflanzt.

Der Gemüsegarten wurde ganz klassisch mit einem Buchsbaum gesäumten Wegekreuz angelegt.

Balance und Harmonie sind die Zauberworte – darauf kommt es an und nicht, dass jede abgeblühte Blüte ausgeknipst und jedes wilde Kräutlein ausgemerzt wurde. Eine Pflanzenart darf die andere nicht überwuchern, das ist wichtig. Und die Charaktere und Farben sollen passen.
Wir gehen zu ihrem Sitzplatz am Haus zurück, wo Gartenzeitschriften liegen. „Englische und auch holländische Zeitschriften zeigen viel mehr Menschen in Verbindung mit dem Gärtnern." Wir unterhalten uns eine Weile über das andere Verständnis von Gartenkultur, das in

diesen Ländern herrscht: Das Gärtnern gehört dort einfach mehr zum Leben dazu und wird entsprechend wertgeschätzt.
Dann landen wir beim Mond. Ich gärtnere nicht nach dem Mond, weil ich mir keinen zusätzlichen Stress schaffen will und Ilka meint: „Ich achte beim Aussäen darauf. Aber Du hast Recht, es ist nicht ohne Aufwand, weil die Zeiten manchmal mitten am Tag wechseln. Manchmal darfst Du nur bis 16 Uhr säen und bist doch gerade so gut dabei. Und dann fange ich an zu hetzen. Ich habe beschlossen, diese Feinheiten zu übergehen.

Sicher hat der Mond Einflüsse. Aber ebenso wichtig ist die Beziehung, die man zu seinen Pflanzen hat. Ich werde sie öfter liebevoll angucken!

Jedenfalls scheint es mir falsch, verbissen und hetzend nach dem Mond zu arbeiten. Es bringt nur Unruhe hinein."
Jetzt merke ich eine Unruhe in mir: „Sag, Ilka, wo ist eigentlich die *Gillenia* gelandet?" „Komm!", sie geht in das kleine Gartenstück an der Westseite des Hauses. Stimmt, hier waren wir heute noch nicht gewesen. Am Fuße einer Strauch-Rose stehen mehrere *Gillenias*. Ilka hatte das Gefühl gehabt, mein Pflänzchen würde sich hier allein nicht behaupten können, sei zu klein. Also hat sie Verstärkung dazugepflanzt. Als nun wieder Besucher kommen, verlasse ich Ilka, gehe noch durch den Gemüsegarten und fahre dann heim.

12 Uhr, es regnet (Regentropfen auf dem Papier).
Gerade habe ich mit meinem Mann über unsere Blume geredet. Ich habe mir einen Namen für sie ausgedacht: „Surprise". Sie wächst auf dem sonnigen Beet, dort, wo sie so viel Aufmerksamkeit bekommt. Jetzt sitze ich auf der obersten Stufe unserer Terrassentreppe, um nicht nass zu werden. „Surprise" dagegen sagt: „Hier bin ich, der Regen macht mir gar nichts." Sie scheint sich wohlzufühlen zwischen Stockrose, Schnittlauch und Zitronenmelisse. Sie hat sogar schon weitere Triebe bekommen.

6. Juni, Tagebucheintrag von Anke Stoltenberg

9. Juni, Irmgard Gloge

Morgenzauber

Wieder waren wir an der Nachtfrostgrenze und schon um 7 Uhr früh bin ich bei Irmgard Gloge im Garten. Zwei Morgen-Menschen können im Zauber des Morgenlichtes erleben, wie jetzt eine Gartenpartie nach der anderen vom Sonnenlicht erweckt wird. Denn im Osten dieses Grundstückes ist der Hang am höchsten und es stehen Bäume und große Büsche darauf; es dauert also etwas, bis die Sonne blinzelt. Ich erlebe, wie einzelne Rosenknospen von Sonnenstrahlen wachgeküsst werden, ja aufleuchten.
Stille und Ruhe wohnen in diesem Garten, der von uns so achtsam erkundet wird – schauend, was passiert. Jetzt erglühen die jungen, leuchtend roten Stacheln der Stacheldrahtrose im Gegenlicht und die Farben des Regenbogens leuchten hier und dort durch die Tautropfen. Ein ständiges Glitzern.
'Gloire de Dijon', die große alte Kletter-Rose am Haus, ist im Frühsommer eine der Ersten, die ihre Blüten und ihren Duft darbieten. Welch ein Genuss, dieser Teerosenduft! Ich genieße blickeschweifend und entdecke dabei die *Gillenia*. Zwinkert sie mir zu? Nun erreicht die Sonne die großen Schwertlilien. Rostbraun und karamellfarben-gülden sind sie, fein gewirkt… welch eine Kostbarkeit. So viel Schönheit! Drüben, im Bereich der Eisenbahn, gibt es solche Blüten nicht. Aber andere, wurzige, eigenwillige kleine Typen: Das Zimbelkraut rollt hier seine Teppiche aus, bergauf, bergab, über die Gleise hinweg, mit Efeu um die Wette. Niedlich, diese vielen, vielen winzigen fliederfarbenen, an Löwenmaul erinnernden Blüten. Pollenschwer und mit Tautropfen überladen verwehren durcheinander fallende Gräserblüten die Sicht in weiter hinten liegende Gleisan-

Das versamungsfreudige Zimbelkraut (Cymbalaria muralis) bildet hier mit Efeu einen Teppich. Es gedeiht selbst im trockenen Schatten.

lagen. Gelber Eisenhut lässt grüßen und natürlich Akelei. Irmgard Gloge ist dabei, die abgeblühten Rhododendronblüten auszuknipsen, damit die Kraft nicht in die Samen geht. „Muss man das eigentlich machen?“ Tja ... Gartenfragen ohne Ende. Ich möchte meine Gesprächspartnerin heute auch ein wenig ausfragen. Dabei erfahre ich als erstes von ihrer Zeit als Au-pair-Mädchen in Schweden. „Das war 1956 – da habe ich viel vom Gärtnern eingeatmet und Elan und Lust nach Hause mitgebracht. Sechs Jahre später sah ich mich als Hausmutter mit zwei, bald drei kleinen Kindern und einem kleinen Garten. Den Garten pflegte zuerst mein Mann, bevor dieser neue Ort dann – nach zwei weiteren Kindern – anfing, seine zentrale Rolle bei allen sieben Familienmitgliedern zu spielen.“

Nun bin ich neugierig auf ihre Kindheit, auf die kleine Irmgard. Hatte sie einen Garten? Nein, sie hatte keinen Garten zu Hause, zog kriegsbedingt auch mehrfach um. Aber sie ging viel spazieren und lernte, was in Feld und Flur wuchs. Als junge Frau beeindruckte sie ein Herbarium, eine Studienarbeit ihres Mannes, außerdem beeinflusste sie die Pflanzenbegeisterung ihrer Schwiegermutter, einer Biologin. Sie erzählt noch vom Vater, von seiner Passion der Vogelkunde, die auf den ältesten Sohn übergegangen ist. Dessen kleine Tochter kennt auch schon viele Vögel – was wiederum mein Vogelherz erfreut.

…die erste Blüte ist heute erschienen, weiß und strahlend wie ein Stern.

13. Juni, E-Mail von Irmgard Gloge

14. Juni, Christiane Büch

Stern an Stern

Wie so oft wache ich mit dem Sonnenaufgang auf und denke sofort an die *Gillenias*. Gestern ist die erste Nachricht gekommen: wie ein Stern sei Irmgard Gloges Pflanze aufgeblüht. Stimmt, eine blühende *Gillenia* hat etwas vom Sternenhimmel. Komisch, dass mir das noch gar nicht aufgefallen war. Meine Sternenblüten-Liebe erblüht anscheinend eben erst … Vielleicht war das auch damals der Grund, weshalb ich zur *Gillenia* gegriffen hatte, als ich über ein Blümlein für meine neuen Gartenfreunde nachdachte, ganz unbewusst griff ich wohl nach den Sternen – im wahrsten Sinne des Wortes. Nun, meine *Gillenias* blühen noch nicht.

Herzlichen Glückwunsch!

Heute ist Ulf-Rasmus' elfter Geburtstag. Mein Sohn kann bei schönstem Sonnenschein und in bester Laune feiern. Und siehe und staune über alle Maßen: Unsere Feenpflanze blüht! Ausgerechnet heute erscheint eine erste entzückende cremeweiße Blüte. Lächelt sie mir zu? Ich muss an ein orientalisches junges Mädchen denken, mandeläugig, lächelnd, eine Tänzerin? Vielleicht kommt meine Feenpflanze auch von weither?
Ich danke Dir für dieses blütenzarte, holdlächelnde Geburtstagsgeschenk!

16. Juni, Tagebucheintrag von Maren Schmidt

17. Juni, Christiane Büch

Brief an alle!

Als ich heute früh aufwachte, kam plötzlich der Impuls, einen Brief an die Gartenbesitzer zu schreiben. Der genaue Inhalt formulierte sich erst beim Schreiben. Als dann die Briefe frankiert vor mir lagen, dachte ich an die schöne *Gillenia trifoliata*, und es kam mir Folgendes in den Sinn: *Gillenias* sind Boten von der Venus, um Schönheit unter die Menschen zu bringen. Alle Blumen tun dies, sie aber ganz besonders.

Sie stehen alle miteinander in Verbindung – sie sind ein Gesamtwesen wie es die Menschen zusammen als „Menschheit" auch sind. Als Boten machen sie uns auf die Wichtigkeit der Schönheit aufmerksam.

Schönheit erhöht die Schwingung und mit ihr erhöht sich das Lebensgefühl, die Freude und Heiterkeit und das Glücksgefühl. Wenn zu wenig auf Schönes geachtet wird, leidet die Schwingung der Erde. Es tut ihr nicht gut, wenn immer mehr schöne Blumen aussterben, weil alle diese Pflanzen die Schwingung der Erde mit beeinflussen. Und dann kam mir wieder die jungfräuliche *Gillenia* mit ihren vielen weißen Sternenblüten in den Sinn. Ich beschließe, *Gillenias* demnächst viel öfter zusammen mit Rosen einzusetzen. Dafür ist sie wie geschaffen.

Zwar trägt die Gillenia allerfeinste weiße Blütensterne, sie i aber wegen ihrer terrakottafarbenen Blüten- und Samenstä de im reinweißen Garten mit Bedacht einzusetze

An meine lieben Gartenfreunde!

Sie blüht! Die erste Blüte ist erschienen. Montag bekam ich erste Nachrichten von Euch und mein Blümlein erblühte einen Tag später. Und es ist kaum zu übersehen: Sie blüht zur Mitsommernacht. Ich frage mich, ob es etwas zu bedeuten hat … Schreibt doch bitte weiterhin alles auf, was Euch in den Sinn kommt, wenn ihr an sie denkt …

Ich danke und grüße Euch herzlich,
Christiane Büch.

17. Juni

18. Juni, Ilka Mahro

Offene Gärten

Seit zwei Tagen haben wir Sommerwetter, zum Glück, denn heute und morgen sind die „Offenen Gärten” angesagt. Menschen öffnen ihre persönlichen grünen Refugien für andere Garteninteressierte; man tauscht sich aus, schaut und schmiedet Pläne für den eigenen Garten. Ich möchte erstmalig in die Rolle der Besucherin schlüpfen, mir Gärten anschauen. Wie anders es ist, einmal nur Gast in einem fremden Garten zu sein, ohne den Auftrag, irgendetwas zu verändern, zu verbessern.

Oh, ich genieße es, zu lustwandeln. Ich erlebe viel Freundlichkeit, Offenheit und Schönheit. Allerdings erlebe ich auch beklemmende Gefühle in einem der Gärten. Klein ist er und für meinen Geschmack zu überladen. Man will hier zu viel, er ist überdekoriert. Oder steht hier das eine oder andere Objekt zum Verkauf? Keine Ahnung. Außer mir ist niemand hier. Und während ich langsam über eine kleine chinesische Brücke gehe und auf eine wunderschöne gelb-blaue Bart-Iris schaue … „Da machste was mit!”, sagt sie da aus dem Nichts, die Iris! Zweifellos mit humorvollem Unterton.

Wieder im Auto, fahre ich in Richtung Ostseeküste. „Da machste was mit …”, der Satz sitzt! Ich fühle mich beschwingt, wie ein Schmetterling, habe frei. Die

Am Nachmittag ist „Surprise" voll aufgeblüht – genau zu meinem Geburtstag. Ich habe die Kinder gefragt: „Was erzählt Euch die Blume?" Ferdinand meinte: „… dass alles auf der Welt schön wächst." Anna möchte sie „Besondere Blume" nennen, weil sie so komische Blüten hat.

18. Juni, Tagebucheintrag von Anke Stoltenberg

In Ilkas Garten gibt es viele Besucher an diesem Tag … und die Zwerghühner stellen alles Mögliche an, um an die Samen der Riesen-Segge zu gelangen.

Mein erster Gartenzwerg ... ich nenne ihn Jimmie.

Sonne lacht ... da machste was mit. Hatte ich nicht die Empfehlung gegeben, alles mit einem Augenzwinkern zu betrachten bei unserer Schatzsucherei? Dem Gefühl eine Chance geben, der Intuition, den Kopf ausschalten? Habe ich gemacht – und hörte wie zur Bestätigung, eine Iris zu mir sprechen...

Ich schlage den Weg nach Schashagen ein, wo Ilka Mahro heute ebenfalls ihren Garten geöffnet hat. Es ist 17 Uhr. „Es gibt noch Kuchen und Tee", begrüßt sie mich und schon ist sie wieder bei ihren Besuchern. Ihr Garten erscheint mir heute lieblich und herbe zugleich, denn viele der Rosenbüsche sind noch in Knospe. Wildpflanzencharaktere dominieren das Bild. Riesige violette Zierlauch-Kugeln tauchen aus den grünen Fluten der noch blütenlosen Stauden

und hohen Gräser hervor. Vergnügt beobachte ich die Zwerghühner, wie sie geschickt Samen der Riesen-Segge abnaschen, und komme nun zum Gartenhaus mit dem hübschen Spitzdach, in dem zur Zeit feine Filze angeboten werden. Ich probiere Hüte auf, bestaune Filzblüten, -tiere, Märchenwesen und verlasse die Schöpferin dieser kleinen Kunstwerke mit meinem allerersten Gartenzwerg. Ein sehr kleiner Gartenzwerg, er könnte in der Fototasche wohnen.
Nun gehe ich zu den *Gillenias*. Die große, bereits ältere Staude war mir vorhin schon aufgefallen. Sie steht an vorderste Reihe und zeigt sich in voller Pracht ... über und über mit Sternen besetzt. Die Neugepflanzten haben ein wenig Not, sind arg von Storchschnabel bedrängt. Aber auch hier gibt es einige weiße Sternchen zwischen dem Pink der Nachbarblüten.

Ich fahre an diesem wunderbar warmen Sommerabend noch für ein Stündchen zu Monika Birkner und Fritz Haslbeck, die nur wenige Kilometer entfernt wohnen. Ich komme also unangemeldet und bin neugierig, wo die beiden *Gillenias* ihr Heim gefunden haben. Ob ich sie auf Anhieb finden werde?
Fritz Haslbeck ist gerade mit Schneidewerkzeug unterwegs. Hecken, Kugeln, Kegel brauchen ihre Pflege und diese Arbeit macht er gern. Wir sind im Vorgarten in seinem Bereich und ich sehe auch sofort ein kleines weißes Sternenblüten-Pflänzchen in seinem Sandbeet stehen. Etwas zurückgeblieben im Wuchs mit kleineren Blüten und Blättern zeigen sie bereits erste Anzeichen der Herbstfärbung: gelblich grün mit einer Tendenz ins Rötliche, rot wie die Stängel. Das Blümchen hat's nicht leicht, aber hält sich wacker.
Fritz Haslbeck möchte die ganze Anlage hier vorne geradliniger gestalten, mit Lärchenholz, und ist bereits am Bauen. Außerdem hat er farbige Kacheln aufgetrieben, mit denen er Linien auf das Mauerwerk kleben will. Und schnipp-schnapp, schnipp-schnapp gehen die Hände wieder mit der Heckenschere. Ich spüre die Entschlossenheit. Hier wird sich bald einiges tun.
Ich gehe in den anderen Gartenbereich, überzeugt, Monika Birkners *Gillenia* zu finden. Gehe zielstrebig in Richtung Brunnen mit Wasserspeier, auf einen Buchsbaumkegel zu und schaue auf den Boden. Komisch, hatte ich doch das Gefühl ... „Da, da steht sie!" Monika Birkner lacht und zeigt mir vor die Füße. Ich beuge mich ein wenig vor. Der Buchsbaumkegel hatte sie gerade verdeckt. Volltreffer!

Gleich hinter den Buchsbaumkugeln schlängelt sich ein Weg zur Badestelle hinunter …

20. Juni, Anna Jacobi

Über den Wolken ...

Ich bin für 6.30 Uhr mit Anna Jacobi verabredet und das Glück ist mir hold. Es ist wieder einer dieser zauberhaften Sommermorgen. Welch ein Geschenk, auf diesem Grundstück sein zu können ... mit dem Blick hinunter über den See, der mit diesigen Luftschichten noch verschlossen daliegt. Ich lasse mich treiben.
„Welch ein Garten, liebe Anna. Wenn wir davon ausgehen, dass der Garten eine Art Spiegelbild unserer Persönlichkeit ist, kann ich mich nur tief vor Dir verbeugen."
Wir sitzen draußen, frühstücken. Ich sehe sie im Älterwerden dem Garten immer näher kommen. Er ist mehr und mehr ihr Lebensinhalt geworden. „Hattest Du als Kind eigentlich auch schon einen Garten? Seltsamerweise haben wir nie darüber gesprochen," beginne ich das Gespräch mit der alten Freundin. „Wir hatten ein Haus mit großem Garten. Aber da gab es Kartoffeln, Gemüse und Bäume. Keine Blumen, auch nicht im Haus ... das gab's früher nicht so und meiner Mutter waren Blumen auch nicht wichtig."
Annas Bezug zum Gärtnern hatte erst hier angefangen. Als junge Ehefrau hatte sie auf diesem großen, relativ kahlen Grundstück ein erstes Blumenbeet angelegt, vor dem Fenster. Und während die beiden Kinder heranwuchsen, gab es sogar einen Gemüsegarten, der später zum Rosengarten wurde, um dann einer Teichanlage zu weichen ...
Das Versorgen des Gartens macht Anna zufrieden, ist ein Teil von ihr, der das Leben aber manchmal auch schwer macht. „Ich habe immer das Gefühl, ich muss mich um alles kümmern. Kann nicht einschlafen, wenn mir im Bett einfällt, die Kübelpflanzen nicht gegossen zu haben. Aber nun verreise ich nicht mehr und gönne mir den Luxus,

Diese Seite des Hauses ist nach Osten und zum See hin ausgerichtet. Das Steilufer liegt etwa 20 Meter entfernt bei den Buchsbaumkugeln.

Anna greift auch gern zum Pinsel. So hat sie das kleine Giebeldreieck über der Tür mit einem Blumenmuster verziert.

Hilfskräfte zu beschäftigen, die die Hauptarbeit machen. Ich kann einfach nicht mehr so wie früher. Die Kräfte kommen und gehen. Und dann bin ich so euphorisch und von einer Freude erfüllt, wenn die Kraft da ist – und übertreibe es sofort. Na ja, was hinterher kommt, ist mir egal!“ Sie wechselt das Thema: „Ihr amüsiert mich so, ihr Kleinen, ihr Kleinen”, freut sie sich, spricht mit hoher Stimme mit Spatzen, die ganz in der Nähe picken und sich von uns wenig beeindruckt zeigen. Es gibt dreiundachtzig Nistkästen für verschiedene Vögel auf dem Grundstück. Allein fünfzehn Starenkäste an der großen alten Birke.

„Oh, wie es glitzert auf dem See ... tausend kleine Brillianten”, Anna liebt und sieht Schönheit und schwärmt gerne, ja badet sich im Schönheitsempfinden.

Wladimir, der Gärtner, kommt mit seinem Hund, der sofort zu Anna flitzt. Ich gehe derweil auf *Gillenia*-Suche und finde sie im Japan-Garten auf der Ostseite des Hauses, neben dem Chinaschilf ‘Gracillimus’ und gelbem Scheinmohn. Unter ihr steht ein kleiner Elefant und ein Stück weiter ein Buddha, beide aus Bronze. Sie, die hier „auf Anhieb” ihren Platz fand, ist hier exzellent gediehen. Anna war noch eine Runde mit ihr gegangen, aber nirgendwo gefiel es ihr so gut wie an diesem Platz. „’Graciosa’ nenne ich sie – sie hat etwas Graziöses“, findet Anna.
Dieser Tag verabschiedet sich ebenso romantisch, wie er angefangen hatte. Mittsommernacht sitzen mein Mann und ich bei Vollmond im Garten, Frösche quaken. Nur ein paar kleine Wölkchen segeln über den Nachthimmel.

22. Juni, Irmgard Gloge

Lilientreffen

Ich stehe unangemeldet vor der Tür. Es war das weiche diffuse Licht, was mich inspirierte loszufahren, und ich habe Glück heute Morgen. Irmgard Gloge geht gerne eine Runde mit mir durch ihren Garten, an der *Gillenia* vorbei. „Die 'Arcana' scheint sich hier wohlzufühlen“, stellt sie fest.
Und nun stehen wir vor dem Eisenbahngelände en miniature. Hier und dort blühen kleine Blümchen: Stein-Nelken, Glockenblumen und das orangerote Habichtskraut. Hin und wieder ein zierliches Weidenröschen zwischen dem kleinblättrigen Efeu. Aber dann, mehr im Hintergrund, aus dem hinteren Bereich hervorquellend, entdeckt mein Auge plötzlich die vielen Türkenbund-Lilien, *Lilium martagon*. Im Zusammenspiel mit Fingerhüten und gelbem Eisenhut, Beifuß, Pfirsichblättrigen Glockenblumen und Wildgräsern kommen sie zwischen den verschiedenen Nadelgehölzen so natürlich daher in diesem kleinen Hügel-Land.
Wir gehen einen der kleinen Pfade entlang und stehen nun zwischen den Türkenbund-Lilien, die gerade erblühen. Hier versamen sie sich und sind von anrührender Ausstrahlungskraft. Ich denke an die symbolische Bedeutung von Lilien. Meist werden die weißen auf Bildern dargestellt und stehen für das Heilige, für Licht und Liebe. Sind Lilien etwas für Garten-Fortgeschrittene? Ich merke an mir ein wachsendes Interesse für Liliengewächse. Und ihr oft starker Duft, der mir vor einiger Zeit noch Kopfschmerzen bereitete, beginnt mir zu gefallen.
Hoppla, wo ist Irmgard Gloge abgeblieben? Ich finde sie unweit, sie zupft beim Durchgang hier und dort etwas heraus – wie man es eben so tut in seinem Garten. Manchmal sind die Hände schneller als

Die Türkenbund-Lilien stehen anrührend anmutig zwischen heimischem Wildwuchs im Halbschatten der Gehölze.

Und während Irmgard erzählt, korrigiert sie das Gartengefüge ... zupft und zupft ...

der Kopf, so jedenfalls mein Gefühl, aber hier geht es bedächtig und bedacht zu. Der Wildwuchs, insbesondere die Gräser werden immerfort in Schach gehalten und auch jetzt, während wir weiter erzählen, ausgezupft und aufgewickelt. Mein Gegenüber erzählt und zupft und wickelt und wickelt ... Und ich habe das Gefühl, die Sätze werden ebenfalls dort aufgewickelt, wie ein Film auf einer Filmrolle.

IRMGARD

Im Sonnenlicht so lind
Wiegt sich mein Pflänzlein im Wind
Als wollte es leise singen
Im Einklang mit allen Dingen.
Mit fünf zarten Blüten zur Zier
bezaubert's den Morgen mir.

IRMGARD GLOGE

23. Juni, Burkhard Gombault

Brauner Bär und Kleine Butterfliege

... und 'Waldlaternchen' kommen auch erst am Abend so richtig zur Geltung, also jetzt", höre ich Burkhard Gombault und in seinen Augen brennt das Feuer – das Lilienfeuer.
Der Abend ist wunderbar warm nach diesem heißen Tag von über 30° C. Wir balancieren auf schmalen Wegen zwischen Lilien und Rosen und schwelgen in Duftwolken. Mein Mann ist auch dabei und ich bin sehr neugierig, wie er diesen Garten empfindet, denn für mein Gefühl tickt hier die Zeit anders ... Jedenfalls ist er nach der Begrüßung ziemlich schnell verschluckt vom Grün, während ich mit meinem Aufnahmegerät den Erzählungen des Gärtners lausche. Und höre, dass er die neuen Liliengesichter selbst züchtet. Schon stehen wir wieder vor so einer Schönheit. „Thomas!" rufe ich meinen Mann, denn ich brauche dringend den Fotografen. „Hier ist *Lilium hansonii* mit drin. Und da, die Weiße mit den roten Punkten ist auch sehr ausgefallen!" Der Schöpfer Gombault dreht eine der nach unten hängenden Blüten zur Seite, so können wir sie genau betrachten. Ausgangspunkt für seine Züchtungen ist die heimische Türkenbund-Lilie, *Lilium martagon*. Sie wird bauch- bis brusthoch und schmückt sich mit bis zu zwanzig nach unten nickenden Blüten in Rosa-Weinrot mit braunen Flecken. Mit *Lilium hansonii* hat er die koreanische Gold-Türkenbund-Lilie eingekreuzt, sie ist goldgelb bis orangegelb mit wachsartig dicken Blütenblättern. „Und hier wieder eine Weiße mit roten Punkten ... traumhafte Pflanze!" Und ich erfahre, wie schwer es ist, neue schöne Sorten zu züchten.
Überall wächst etwas zum Naschen zwischen den Blumen und Ziergehölzen. „Das gehört dazu. Ein Garten, aus dem man nichts essen

Fast alle Lilien dieses Gartens sind eigene Züchtungen – eine Lebensaufgabe, wie ich höre.

kann, ist nicht richtig." Uns zu Füßen hängen viele kleine Wald-Erdbeeren. Ich bücke mich hinunter zu dieser Märchenwelt: kleine Blumen, Gräser, zierliche Farne, Licht und Schatten zwischen den Beeren. Vorsichtig nasche ich einige Beeren ab.

Im Schneckentempo geht es durch die Pflanzenwelt und ich bekomme alle Gewächse erläutert. 'Francis E. Lester' verschwendet nach Art der Rambler-Rosen jungmädchenhafte Schönheit mit ihrer weißlich rosa Blütenfülle auf meterlangen Ranken. Im nächsten Moment muss ich meine Brille rauskramen und mich bücken, in die Kinderstube der moosigen Moorpflänzchen hineinkriechen zu den Moosglöckchen und ihren Freunden.

BURKHARD

Natürlich gibt es ein Bienenvolk in diesem Garten, damit die Bestäubungen für das Obst klappen und weil es so schön ist.

„Jetzt müssen wir aber den Brennenden Busch ausprobieren!“ Wir stehen bei dem Diptam, der hier mit mehreren Blütenständen prahlt. Burkhard Gombault zückt das Feuerzeug. „Kommt das ätherische Öl von den Blüten oder Blättern?“ Ich platze vor Neugier. Er versucht es ... zzsssch ... erleuchtet der Blütenstand. Wie eine Aura hat es ausgesehen, als sich das ätherische Öl kurz entzündet hatte. „Thomas ... Fotos!” Aber es ist nicht einfach, dieses kurze Aufleuchten auf‘s Zelluloid zu bannen. Ob die Fotos wohl etwas geworden sind? Egal. Das Erleben ist ungeheuerlich! „Sonntag hatten wir sooo eine Flamme.” Burkhard Gombault macht einen Bogen mit dem Arm. Was mich

bewegt ist: „Hier kann ich etwas sichtbar machen mit Hilfe des Feuers. Ich meine, Pflanzen strahlen alle etwas aus!" „Davon bin ich auch überzeugt. Man denke nur an den Duft“, pflichte ich ihm bei.

Immer wieder stehen einzelne schöne Lilien zwischen Stauden aus aller Herren Länder. Sie fügen sich ganz natürlich ein, bilden ein harmonisches Miteinander. Hier ist die Globalisierung gelungen.

Lilienschönheiten im Abendlicht, wieder und wieder überraschend anders vom Lichteinfall unter den Bäumen inszeniert. „Und das ist die Ur-*Hansonii*." Burkhard Gombault wendet sich einer orangegelben Lilie zu, der Ururgroßmutter der vielen neuen Liliensorten. „Ich musste auch erst lernen, wie das mit dem Kreuzen so vor sich geht. Ich dachte früher: Nimmst eine Rote und eine Weiße, dann kriegst eine Rosafarbene ... Weit gefehlt, die sind alle entweder rot oder weiß. Aber mit denen dann weiter zu kreuzen, da wird's spannend. Man muss mindestens vier bis fünf Generationen verfolgen. Und jede Generation braucht vier bis sieben Jahre, um zum Blühen zu kommen.“ „Da kann man mal sehen, was man in seinem Leben so schaffen kann", lache ich. Und er sagt: „Man muss seine Leidenschaft frühzeitig erkennen ... und kann sie vererben."

Noch lange sitzen wir an diesem Abend und erzählen uns Pflanzengeschichten. Wir beide haben erlebt, dass der Garten uns aus depressiver Stimmung holen kann: „Ich gehe eine Runde, noch eine ... und plötzlich fange ich hier an zu zupfen und dort ... und taue wieder auf." Darauf erzähle ich vom tiefsten Punkt meiner Lebensgeschichte: von einem psychischen Absturz wegen Stress und Überforderung auf allen Lebensebenen. Bereits in der Psychiatrie konnte ich die Auflösung meiner Persönlichkeit plötzlich mit der Erkenntnis stoppen, selbst eine Pflanze dieser Erde zu sein, die sich mir in diesem Stadium als die Urmutter allen Seins lebendig präsentierte. Mit den Flüssen als Adern und dem Mutterboden als Haut, auf der die Pflanzen wie Haare sprießen. Mich selbst als ein dazugehöriges Unkraut zu erkennen, um gleich darauf zu denken: „Unkraut vergeht nicht!“, brachte mir die Wende. Mein Absturz war zum Halten gekommen. Die Genesung sollte zwar noch eine ganze Weile dauern, hatte aber sehr viel mit Pflanzen zu tun. Dafür bin ich von Herzen dankbar.

26. JUNI, CHRISTIANE BÜCH

Die Sternengesichtigen

Schon früh um 5 Uhr gehe ich durch den Garten, im Nachthemd und barfuß durch das taunasse Gras. Es ist neblig und nur 9° C. Gestern hatte es mächtig geregnet mit Gewitter. Der Garten ist voller Gesang und trotzdem Stille. Einige Gänse fliegen krächzend über das Dorf, die Hähne krähen in die Sonntagsruhe. Ich besuche die *Gillenia* und Wortfetzen kommen mir in den Sinn: *Gillenia*, die mit dem Weiß der Sterne … die mit der Sternen-Weisheit … die mit dem Sternengesicht … die Sternengesichtige. Und schon bin ich wieder in der Rolle der Sternguckerin. Weiße Weidenröschen sind anmutig und besonders schön neben den Meerkohl-Blütenständen, sie bilden ein ganzes Meer von Sternengesichtern. Einfache weiße Levkojen mit ihren Kreuzblüten und eine hellblaue Sternenflut von *Isotoma fluviatilis* zwischen dem Kopfsteinpflaster lachen mir an diesem Morgen zu.

28. Juni, Maren Schmidt

Mit dem Unkraut befreundet

Für 19 Uhr bin ich mit Maren Schmidt verabredet. Später hätte es auch nicht sein dürfen, stelle ich fest, als ich diese Gartenwelt betrete. Hier gibt es gleich keinen Sonnenschein mehr. Die Gärten dieser alten Wohngegend mit ihren großen Bäumen leben im Schatten. Auch Marens Garten zeigt dieses ehrwürdige Alter, aber auch Verspieltes mit vielen Gänseblümchen auf dem Rasen.
Und dieser Garten entwickelt sich: Es wird blumiger – Maren hält Einzug, merke ich. Der Dornröschenschlaf scheint vorbei zu sein. Maren hat Rosen aus Pflanzkübeln befreit. Wir stehen vor einer solchen, die jetzt neue Grundtriebe macht. „Ist das ein Wilder?“ Maren biegt den einen Trieb etwas zur Seite, um ihn besser betrachten zu können. Ich nicke. „Er hat eine andere Rinde, das Grün ist bläulicher und seine Stacheln unterscheiden sich auch. Er kann weg.” „Man muss immer wieder durchgehen, auch wenn man meint, man hätte einen Bereich gut versorgt. Da kommt das Springkraut schon wieder.“ „Meine Güte, Maren!” Ich gucke sie an und lache, als sie anfängt, sich und den Garten in Stress zu reden. „Du und der Garten, ihr seid doch so gut im Rennen dieses Jahr!“ und jetzt spüre ich dieses Moment der Öffentlichkeit, welches ich hineintrage, und bin an meine eigene Situation mit den „Offenen Gärten“ erinnert – damals als ich meinen Garten immer durch die Augen des Besuchers sehen wollte und mir so sehr viel auferlegt hatte, um ihn vermeintlich perfekt zu machen … Merkwürdig, mich hätte hier in diesem Garten nichts gestört. Er ist in sich stimmig mit seinen geordneten Beeten und seinen ursprünglich anmutenden Waldpartien, mit seinem eingepferchten Gemüsegärtchen und seinen Skulptur-Geschichten.

Maren

Sonst habe ich immer geträumt von anderen Gärten, die so hundertprozentig gelungen daherkommen. Vielleicht ist meiner nur zehnprozentig … egal, denn es ist meiner. Zu einhundert Prozent meiner!

Maren schwärmt von dem Gänseblümchen-Meer beim neuen „Hinkelstein", einem großen Gartenzwerg aus Keramik mit lieblich gewitztem Ausdruck. Walter hat ihn von seinem Freund zum Geburtstag bekommen. „Und hast Du den da hinten schon gesehen?", sie zeigt in Richtung Gartenhaus und ich erblicke eine Wandmalerei: eine männliche Figur, in Blau gehalten, mannshoch und irgendwie magisch. „Wer hat hier gemalt?" „Walter. Weil dort nichts wächst, hat er etwas hingemalt. Und diesen Pflanzenkorb haben wir aus dem Urlaub von Lanzarote mitgebracht. Davon habe ich vier Stück. Wir beide hatten einen Ärger deswegen! ‚Was willst Du Dich mit den Dingern im Flugzeug abschleppen?' Walter war genervt. Und jetzt hat er einen davon bepflanzt." Sie kichert und feixt sich eins.
Die Amseln singen ihre Abendlieder. Wir beenden elendig frierend den Rundgang und beschließen, bei einer Tasse Tee Marens gärtnerische Anfänge zu ergründen. Sie hat viel darüber nachgedacht in letzter Zeit: „Schon als kleines Kind, bevor ich zur Schule ging, habe ich mir kleine Gärten angelegt. Ich erinnere mich an einen riesigen Haufen Mutterboden, er war Rodelberg im Winter. An dessen heimlichster Seite habe ich winzige Terrassengärten angelegt mit kleinen Steinen, Moos und kleinen Pflänzchen. So eine Art Bonsai-Gärtchen."

Hoppla, ein neues Kunstwerk von Walter auf der Wand des Gartenhauses verändert diesen Gartenbereich total … wie spannend.

Und schon immer liebte ich die Bäume und habe sie oft umarmt. „Wir waren als Kinder dauernd draußen" sagt Maren. „Hast Du von Deinen Eltern etwas über Gemüsekultur mitbekommen?"
„Meine Mutter hatte einen tollen Gemüsegarten, aber bei ihr habe ich das Handwerkliche leider nur abgucken können. Sie hatte nie Zeit zum Erklären, alles musste zügig funktionieren. Sie hatte als ‚Mädchen aus der Stadt' unter den Augen der Schwiegermutter keinen leichten Stand. Wir Kinder mussten immer ernten und verschiedenes pflücken. Ich entsinne mich an den Geschmack frischer Möhren. Das ist so etwas, was man nie vergisst. Sie aus der Erde ziehen, den Sand abreiben … dieser Duft und Geschmack, köstlich." Und während sie es so plastisch erzählt, wird meine eigene Kindheit lebendig. Möhren und Erbsen waren auch unser Naschwerk. Ich schmecke und rieche Karotten und spüre fast das Knirschen des Sandes der ungewaschenen Möhren zwischen den Zähnen.
„Als wir in dieses Haus zogen, war der Garten für mich wie eine Friedhofsanlage. Und es war und ist ein Auf und Ab während all der Jahre, ein zäher Kampf um mein Selbstwertgefühl – in dieser Ehe, in dieser Nachbarschaft, ja im Leben überhaupt." „Hast Du merken können, dass der Garten eine Rolle für Dich gespielt hat?" „Oh, ja. Immer, wenn es mir schlecht ging, bin ich in den Garten gegangen. Habe dort allein irgendetwas gearbeitet oder nur geschaut. Danach ging es mir wieder besser, dann konnte ich mich den Anforderungen hier im Hause und in der Familie wieder stellen. Es war nicht einfach mit den Stiefkindern und dem neugeborenen Sohn", und sie fährt fort: „Oft bin ich für einen Moment der Kurzweil in den Garten gegangen, habe etwas beobachtet: eine Raupe, wie sie frisst, wie sie sich krümmt, mich am Vogelgesang erfreut und den Zaunkönig durch das Gehölz hüpfen sehen …" Wie unterschiedlich die Lebens-Wichtigkeiten doch sein können, stellen wir fest. „Man muss ja nur einmal in die verschiedenen Vorgärten schauen. Hier ist geharkt, dort nicht. Bei mir darf Wildwuchs sein, der nächste spritzt Gift. Es tut mir gut, dass Garten nicht nur immer Arbeit bedeutet, dass ich ihn lieben kann so wie er gerade ist. Mein Garten wird schön und schöner … fast von allein. Mühelos entwickelt sich eine Fülle. Und dazu die Vögel, die Sonne, der Regen, der Wind …"

Manchmal denke ich einfach nur liebevoll an meine Pflanzen,
wenn ich keine Zeit habe, sie zu düngen oder sonst wie zu pflegen.
Das tut den Pflanzen gut und mir auch.

Maren

Das Wichtigste scheint mir zu sein, die Dinge mit Liebe zu tun. Die Schwingung der Liebe bleibt in der Welt, egal, was mit dem Garten hier irgendwann geschieht.

30. Juni, Christiane Büch

Tango-Lesson

Von wegen Regenwetter. Es ist sehr windig bei 25° C mit trockenem Ostwind. Der Garten ist durstig, die Pflanzen sind schlapp, die Beete fallen in sich zusammen. Vor drei Tagen ist die erste Türkenbund-Lilie aufgegangen und auch der Taglilien-Reigen nimmt seinen Lauf. Noch blüht 'Morgenzauber' orangegelb und bekommt nun bräunlich gelbe Nachbarn. In den nächsten Tagen werden an verschiedenen Stellen braungelbe, aber auch lachsrosa oder tiefbraunrote Taglilien aufgehen zwischen den Stauden und Gräsern.
Bis Ende August die großwüchsige 'Kwanso Plena' mit ihren orangefarben gefüllten Blüten die Taglilienblütezeit beenden wird. Sternenblüten-Zauber edelster Art! Taglilien sind Augenschmaus – und Gaumenfreude. Ich gönne mir hin und wieder eine pralle Knospe, schneide sie fein über den Salat, auch pikant mit Pfeffer bestreut und mit Erdbeeren garniert, Erdbeeren gibt es ja nun reichlich – welch eine Köstlichkeit!
Fotowetter. Ich habe es gleich genutzt und eine Runde mit der Kamera durch den Garten gemacht: Toll, diese Gemüsezwiebel-Blüten ... Knoblauch-Knospen im Duett gebärden sich wie Tango-Tänzer ... sehr kurios mit ihren Zipfelmützchen.
Ich bin die letzten Tage immer bis 22.30 Uhr im Garten. Gießen, neu Eingepflanztes pflegen, jäten, schneiden ... und bin merkwürdigerweise wieder dabei, kleine Blumen-Sternengesichter um mich herum zu entdecken: blaue Sterne vom Lein, Borretsch und die blauen Sonnen der Wegwarte, weiße Sternlein von Mieren und kleinen Stein-Nelken mit rosa Hauch, auch Buchweizenblüten. Abends essen wir frisch gezogene Radieschen und genießen das Draußensitzen.

Die eine Knospe des Knoblauchs steht hoch, d
andere verbeugt sich: „... Darf ich bitten

Es lässt der Regen auf sich warten.
Es lechzt nach ihm der ganze Garten
Und also auch mein Blümelein.
Allein, dem soll's kein Mangel sein.

Zum Lohn gibt's neue weiße Blüten
Und rote Stäbe an den Zweigen dran,
mir Grund genug, die Pflanze zu behüten,
bis sie mir ihren Namen sagen kann.

Irmgard Gloge

2. Juli, Christiane Büch

Sternenweisheit

Obwohl wieder sehr früh aufgewacht an diesem Sonntagmorgen, bin ich noch einmal eingeschlafen. Nun zeigt der Wecker 6.48 Uhr und es kommt mir die *Gillenia* in den Sinn mit den Worten: „Schönheit ist das elementare Wissen um die Dinge – wir *Gillenias* sind die Boten der Sterne, die dieses Wissen haben. Wer Schönheit sieht, der weiß um die Dinge des Seins. Wir sind Sternenboten und es ist an der Zeit, dass ihr Euch besinnt auf das, was ihr könnt ... und seid gewiss, es ist viel. Und seid froh, fröhlich ... lebt die Schwingung des heiteren, des leichten Seins. Keiner soll darben. Seid wie die Schmetterlinge, wie die Vögel ... und seid maßvoll und lernt von den Blumen, von den Gräsern, Büschen und Bäumen, von den Sternen, ehrt die Tiere und seid mit dem Wetter."
Wie gut, dass ich mir angewöhnt habe, immer Bleistift und Papier zur Hand zu haben und einfach aufzuschreiben, was mir zufliegt. Was denkst Du darüber, ist das eigenartig? Ich bin seltsam wenig verwundert, finde das Erlebte gefühlsmäßig stimmig und will eigentlich schon aufstehen ... bleibe aber doch noch im Bett sitzen. Es kommen mir weitere Gedanken über Blumen in meinem Garten.
Und was ist das jetzt für ein schöner Gesang? Ich schaue hinaus. Mein Bett steht vor Terrassentüren und Fenstern zu zwei Seiten, somit fast im Garten. Ich kann keinen Vogel entdecken, aber einen Duft. Es kommt ein Duft zum Fenster herein ... hui ... Was für ein Duft? Er lockt mich aus dem Bett.

'lenias vertragen Sonne und Halbschatten. Je mehr Sonne sie abbekommen,
sto rötlicher färben sich Stängel, Samenstände und Herbstlaub.

Christiane

6. Juli, Anke Stoltenberg

Erntesegen

Wir haben uns für 15 Uhr verabredet, Anke, die Kinder und ich. Heute soll geschaut werden, ob etwas unter dem Kartoffelkraut sitzt: Es darf geerntet werden! Und sie wuseln auch schon alle im Garten der Kinder herum, als ich eintreffe. Anke jätet. „Endlich kann man den Lehmboden wieder bearbeiten, bei Trockenheit ist er wie Beton." Anna bringt die vollen Unkrauteimer zu den Schweinen und zu den Ponys: Wegerich, Brennnessel, Klee und Vogelmiere. Auguste und Helene pflücken Erbsen, jede in ihrem Garten. Augustes Gemüse steht sehr gut. Sie hat ihre Samen eine Woche später als die anderen in die Erde gebracht und ihre Sonnenblumen sind fast üppiger als die von Anke im großen Garten. Auch ihre Erbsen sind durchweg weiter entwickelt, größer als die von Anna und Helene. Die beiden pflücken emsig. Augustes kleine grüne Schüssel ist fast voll und ich bin erstaunt, wie schnell und treffsicher auch die dreijährige Helene wirklich nur die dicksten Erbsen pflückt.

Die Kinder sind im Ernterausch: Erbsen werden gepult und eine kleine grüne Perle nach der anderen wird vernascht. Möhren, eigentlich noch recht klein, werden auch schon probiert. „Letztes Jahr hatten sie Würmer", sagt Anna, „da fang ich lieber jetzt schon an zu essen ..." und saust dann ab zu

Wir alle fallen über erste grüne Erbsenschoten her, fummeln die Kügelchen heraus ... köstlich, einfach köstlich!

Augustes Gemüse steht am besten, obwohl sie eine Woche später gesät hat als ihre Geschwister.

den Himbeeren, um im nächsten Moment mit einem Händchen voller Früchte zurückzukehren. Wir dürfen uns bedienen und Ferdinand, der krank im Bett liegt, will sie auch noch welche bringen.
Nun sind aber alle neugierig, wie gut die Kartoffeln angesetzt haben. Helene möchte so gerne die erste Pflanze ausgraben, was sie natürlich nicht alleine schafft. Ist sie doch gerade mal so groß wie der Stiel der Grabegabel. Auch braucht man hier Kraft und Körpergewicht. Anna hilft. Helene ruckelt nun hin und her ... hin und her ... die Gabel geht tiefer und tiefer in den Boden ... schwer, schwer und dann

Anke

„Da!", voller Stolz hält Auguste ihre Kartoffelstaude in die Höhe und wir freuen uns alle über ihren Erntesegen. Die dreijährige Helene ist kaum zu bremsen, ist es doch das erste bewusste Ernteerlebnis dieser Art in ihrem Leben.

legen sie sie um. Die Erde bricht auf und gibt den Blick frei auf erste bildschöne rote Kartoffeln. Fiebrig sucht Helene sie zu ergattern, während Anke das Nachbarkraut etwas zur Seite hält und Anna von oben an der gelockerten Pflanze zieht. Helene wühlt mit den Händen durch die Erde: „Sind da noch welche?" Wir wundern uns, wie hart der Boden doch noch ist. Nur die ersten zehn, fünfzehn Zentimeter sind feucht und etwas weicher. Schon hält Auguste die nächste Kartoffelpflanze triumphierend in die Höhe ... auch da hängen welche im Wurzelwerk.

8. Juli, Anke Stoltenberg

Schau mal, was hier wächst ...

Ich bin wieder bei Anke zum Einkaufen im Hofladen und frage nach, wie die erste Mahlzeit aus dem Garten der Kinder war. Ich nahm an, sie hätten die Ernte zusammengeworfen und zu einem Menü für alle gemacht ... weit gefehlt! Es gab vier Kochtöpfe mit Kartoffeln an dem Tag. Jedes Kind hat auch sein Gemüse selbst zubereitet und es wurde abgegeben und ausgetauscht beim Essen.
Gerne mache ich noch einen Rundgang durch den Garten. Anna begleitet mich und ich staune wieder über ihr Garteninteresse. Sie ist richtig freudig dabei. Wir gehen zu dem Wildstück – dort, wo nun alles wachsen darf, was wachsen will. Denn Anna meint: „Da tut sich was.“ Es sollte eigentlich ihr Blumengarten werden. Aber nun ist sie auch ganz gespannt, was hier so kommt, wenn man die Natur einfach machen lässt. Einige Wildkräuter kann Anna sogar benennen: Löwenzahn, Malven, ganz viel Hühnermiere, Disteln, Klee, Mohn, Hahnenfuß und Klettenlabkraut ... Auch die *Gillenia* steht hier. Ein paar Blumen hatte Anna ihr zur Gesellschaft gepflanzt.

Dies ist die Gartenecke, wo nun wachsen darf, was wachsen will. Anna zeigt mir ihre Gillenia hinter dem Stockrosenstängel.

Anke

10. Juli, Christiane Büch

Schön, dass Du da bist

Es ist ein richtiger Hochsommermorgen. Taunass steht der Garten im schrägen Morgenlicht. Schon jetzt stelle ich den Sprenger an, denn es wird wieder ein heißer Tag werden. Ich bleibe an diesem Sonntag zu Hause und kann mich erstmalig so richtig zu meiner *Gillenia* setzen.
11 Uhr, ich habe die Gartenarbeit beendet, mir einige Aprikosen gewaschen, Kissen und Notizbuch geschnappt und mich zur *Gillenia* begeben. Mache mir leichte Vorwürfe, weil ich mich nie so richtig zu ihr gesetzt hatte, werde aber sogleich von ihr unterbrochen: „Schön, dass Du da bist." „Stimmt", sage ich etwas verdattert leise vor mich hin, „Und?" frage ich. „Das ist alles, denn das ist viel", sagt sie, die *Gillenia*. Nun wieder Stille.
Ich sitze hier und schaue die Sternenblüten an, blicke um mich herum und bin einfach bei den Pflanzen, freue mich über die vielen weißen Blumen: Vexiernelken mit schönem, silbergrau-haarigem Blattwerk, pelzig fast, auch die Stängel. Ähnlich kommen die Perlkörbchen daher. Sie bilden weiter links eine Kolonie, noch in Knospen ... wie liebevoll sie von den spitzen Blättern umrahmt und gehalten werden. Zu ihren Füßen die rehbraunen Samenköpfchen der Stachelnüsschen. Sie hängen mit den Köpfen zusammen, als würden sie tuscheln. Nebenan ein Teppich aus winzigblättrigem Efeu, daneben das Fiederblättchen *Cotula squalida*, Moos und mein geliebter Persischer Ehrenpreis in blauen Matten. „Willst Du mir noch etwas sagen?", ich schaue die *Gillenia* fragend an. „Schön, dass es Dich gibt", sagt sie mir und ich erröte fast. Ich bin tief gerührt, muss lächeln und gebe ihr meine Wertschätzung zurück.

Hätte mir vor Wochen jemand erzählt, die Pflanzen hätten ihm etwas mitgeteilt, hätte ich ihn ja wohl für etwas abgedreht erklärt, fantasiebegabt im besten Fall. Nun spüre ich eine nie zuvor wahrgenommene Nähe zu den Pflanzen. Und die Natur kommt mir im Moment vor wie ein intelligentes Gesamtgebilde, zu dem wir dazugehören – es aber meist gar nicht ahnen, weil wir zu sehr auf andere Dinge konzentriert sind.

Ich bin dankbar, einen Garten und so viel Anmut, Vielfalt und Schönheit um mich herum zu haben.

Und wenn ich dies jetzt so schreibe, liebe Leserin, will ich doch auch einmal sagen: Schön, dass Du da bist und dies liest, es miterlebst. Es ist doch ziemlich ungewöhnlich, aber öffnet Türen für neue Gedankengänge.

Klatsch-Mohn und Katzenminze nehmen eine Dusche unter dem Sprenger.

15. Juli, Anke Stoltenberg

Ganz im Einklang

Es ist heiß, trocken und windig und wir wollen demnächst auf unser Segelboot, Urlaub machen. Zum Proviantieren geht's natürlich zu Anke Stoltenberg in den Hofladen. Die schwärmt von ihrem Mohn im Garten. „Gerne gehe ich mit Dir zusammen hin", sage ich, „... geht das denn jetzt?" und schaue auf ihre Kunden. Zwei Frauen

Ein Drittel ihres Gemüsegartens sät Anke mit einjährigen Sommerblumen ein.

sind dabei, ihre Körbe zu füllen. Aber schon sind wir auf dem Weg und bestaunen Klatsch-Mohn in allen Farben, auch wilder ist dabei, durchzogen von Sommer-Rittersporn und Ringelblumen. Sommerliche Heiterkeit, wie sie im Buche steht und wie wir sie lieben.
Da kommt Anna mit einer Gießkanne. Bisher wurde hier noch nicht gegossen. Porree und Bohnen sind daher klein, einzementiert in dem rissigen Lehmboden. Bei der Nachbarin wuchert es, weil sie gießt. Sie selbst sei vom Garten nicht abhängig, meint Anke. Der Laden bringt so viel Überschuss, der gegessen werden will. „Anna gießt ihre Kohlrabi", unterbricht Anke meinen Gedankengang, zeigt in Richtung Kinder-Garten und zieht sich in ihren Laden zurück.
Ich folge der tropfenden Gießkannenspur und kriege große Augen, als ich sehe, was Anna gemacht hat. „Sie standen zu eng!", sagt sie, während sie hurtig dabei ist, kleine Dämme um halbwüchsige Kohlrabi mit völlig schlapp auf dem Boden liegenden Blättern zu bauen. Das Wasser perlt nur so weg auf der staubtrockenen Erde hier am Fuße der großen Eiche. „Ach Du Schiete", entfährt es mir. Was soll ich sagen ... bin richtig sprachlos. Sie hat bei größter Hitze und Trockenheit halbfertige Kohlrabi umgepflanzt, weil die dichter werdenden Bäuche angefangen hatten sich zu berühren. Sie hatte die Jungpflanzen nicht ausgedünnt, nicht verpflanzt und macht nun hier eine neue Erfahrung. „Vielleicht kannst Du Deinen Kohlrabis helfen, sie wieder ins Gleichgewicht zu bringen, indem Du einige Blätter abschneidest. Schließlich hast Du ihnen Wurzeln abgeschnitten, als Du sie ausgegraben hast", versuche ich ihr beizustehen. „Ich habe ganz vorsichtig alle Wurzeln ausgegraben und richtigen Klackermatsch gemacht für die Kohlrabis, gestern war das schon." Und liebevoll schaufelt sie noch mehr Erde um die Knöllchen herum, ganz eins mit allem. „Na, dann wollen wir mal gespannt sein ... tschüß, Anna."

Vor ein paar Tagen hatte „Surprise" den Wunsch geäußert, mehr Licht haben zu wollen. Das große Blatt von der Stockrose nahm zu viel Sonnenlicht. Jetzt trocknet das Blatt von selbst ein und fällt in sich zusammen. „Surprise" hat zwei neue Triebe von unten und noch viele an den bestehenden Zweigen bekommen. Sie ist voller Kraft.

18. Juli, Tagebucheintrag von Anke Stoltenberg

19. August, Anke Stoltenberg

Eins zu null für Anna

Gerade aus dem Urlaub zurück, kümmert mein Mann sich sofort um das Honigschleudern. Ich gehe zu Anke zum Einkaufen und natürlich in den Garten. Was wohl aus Annas Kohlrabis geworden ist? Ich bin ja so gespannt!
Heeeh! Das Verpflanzen in der hochsommerlichen Dürre-Periode hat funktioniert. Die Kohlrabis sind weitergewachsen, wenngleich etwas zurückgeblieben hinter den Unverpflanzten. Hut ab, Anna!

In unserem Naturbeet wächst mittlerweile eine Vielzahl von Pflanzen. Meine Mutter war zu Besuch hier und hätte fast das Stück Land „schwarz gemacht" – also gejätet. Unserem Besuch am Wochenende waren die vielen Unkräuter gar nicht aufgefallen. Sie sind eben auch irgendwie schön …

20. August, Tagebucheintrag von Anke Stoltenberg

Hintergründiges

Etwas fröstelnd mit einem Becher heißen Tee zwischen den klammen Fingern sitzen mein Mann und ich morgens um 8 Uhr auf der Terrasse der Eheleute Stumpf und versinken sofort tief in Gartenpflanzen-Geschichten. Viele der Pflanzen hier haben kuriose oder spannende Hintergründe. Sie sind weniger gekauft als zusammengetragen, abgezwackt, eingesammelt, aufgelesen, gebracht und geschenkt worden.
Es gibt außergewöhnliche Sorten, auch solche, die das Näschen hoch tragen wie dieser gelbe gefüllte Oleander. „Gestatten, ich komme aus Ludwigsburg, vom Schloss!" „Angenehm." Daraufhin eine andere aus dem Kübelpflanzenkabinett, auch ein Oleander: „Ich bin 'Ester Valier' vom Raiffeisenmarkt." Jede Pflanze hat eine individuelle Herkunft, macht sie zu der unverwechselbaren Bewohnerin dieses Gartens. Pflanzen-Schnittlinge, die man einen halben Urlaub hindurch gehütet, bei Hitze um sie gebangt, zu Hause herangepäppelt und vor dem Verfaulen bewahrt hat ... ja, die wachsen einem besonders ans Herz. Und die Pflanzengeschenke des Freundes aus Ungarn, der sich vor Jahren in der Uckermark niedergelassen hat, oder die des ehemaligen Schlossgärtners in Rheinsberg sind voller Geschichten.

Wenn ich die Pflanzen sehe, denke ich an die Menschen, die sie mir geschenkt haben.

„Haben eigentlich Lilien für Sie eine besondere Bedeutung?", frage ich. „Wir waren mit einem Freund aus Augsburg, der interessante heimische Pflanzen fotografiert, in einem Schwemmland unterwegs.

FRIEDERIKE

Der Fruchtstand des Feuerkolbens liegt nun auf der Erde. Du erinnerst Dich an seine Blüte im Frühling und mein Erschrecken wegen der tierischen Zeichnung?

Die Spinnenpflanze rechts macht ihrem Namen alle Ehre.

Und plötzlich standen wir mitten in einer Unmenge von *Lilium martagon*, dem Türkenbund. Also, das war so anrührend gewesen“, und Konrad Stumpf lacht versonnen, „ja, wirklich anrührend.“ Wir lachen mit und nicken, kennen solche Momente. „Und da ist tatsächlich etwas entstanden ... durch dieses Eintauchen in die Lilien.“
Erstmalig hat dieses Jahr die *Arisaema*, der Feuerkolben, gefruchtet. Der rote Samenstand liegt auf der Erde „und wird von den Schnecken geliebt. Sie fressen das Fruchtfleisch ab und die Samen können keimen – also das ist mal ausgesprochen positiv an den Schnecken. Das ich das mal sagen würde ...“ Wir lachen wieder und ich erzähle von der Theorie, dass Schnecken sich in Gärten einstellen, wenn zu viel Fäulnis unterwegs ist, zum Beispiel durch das Mulchen. Wenn wir andere Bedingungen schaffen und andere Bakterienstämme auf die Böden bringen, sollte sich das Problem erübrigen. Friederike nickt. „Wir werden experimentieren”, beschließen wir nach längerer Debatte.

Die Zusammenhänge in der Natur sind derart komplex und der Erfolg für uns Gärtnernde sowieso nur durch neugieriges Ausprobieren zu erfahren.

„Mich hatte es auch schon gejuckt, Mikroorganismen zur Verbesserung des Bodens einfach einmal zu bestellen, ohne so lange darüber nachzudenken. Geld hin, Geld her ... sonst kauft man auch so vieles, was man nicht braucht”, Friederike Stumpf lacht ihr oft so hintergründiges Lachen.
„Letztlich sind wir doch selbst der Maßstab. Wenn wir etwas wollen und brauchen, dann ist es jetzt gerade richtig,“ sagt sie und ich nicke. „Und wenn es mir schlecht gegangen ist, war es wohl nicht das Richtige”, erwidert Konrad Stumpf. „Wobei das sogenannte Schlechte mich in meinem Leben doch oft weitergebracht hat und gut war für meine persönliche Entwicklung“, meine ich. Und Friederike Stumpf hat das gute Beispiel mit einer Lilie parat, die sie umgetreten hatte und die sich aber über Brutzwiebeln wieder vitalisierte. „Mit Lilien sind wir, glaube ich, noch erst am Werden”, schließt Konrad Stumpf das Kapitel Lilien.
Als ich gehen will, bemerke ich: „Es steht noch ein ‚Tramper‘ vor der Haustür!“ Fragende Blicke. Wir gehen hinaus, dort wartet eine orangefarbene, gefüllte Taglilie im Topf. „Wollte keine Eulen nach Athen tragen ...”, sage ich. „Diese hier stand mit verschiedenen anderen bei mir zu Hause, lachte mich an und wollte mit zu Euch ...”

Schneckengedicht

Wenn ich morgens früh aufsteh
und dann in den Garten geh,
hoff ich, alle unsre süßen,
schönen Blumen zu begrüßen.
Primeln, Tulpen, Meconopsis,
Helleborus, Codonopsis,
Sonnenblumen, roter Mohn.
Oh wie schön, ich freu mich schon!

Doch statt Freude, welch ein Schreck!
Blüten, Blätter – alles weg!
Wo ich wähnte sattes Grün,
zieht sich eine Schleimspur hin.
Abgeknickte Blütenstiele
machen bei mir Hassgefühle
auf die widerlichen Schnecken,
die sich jetzt vor mir verstecken.

Doch bei aller wilden Wut
möcht ich wissen, wie ich gut
gegen diese eklen Viecher,
Kriecher
Mittel und auch Wege find,
die erfolgversprechend sind.

Ach, was kann man nur probieren,
um die Brut zu reduzieren?
Sammeln und weit weg zu tragen,
hohe, scharfe Pflanzenkragen,
Schneckenfalle, Schneckenzaun.
Oh, sie lehren uns das Grau'n!

Mancher rät mit list'ger Miene,
wie man diese Fressmaschine
mit dem menschlichen Verstand
von dem Gartenland verbannt.
Es soll auch manche Menschen geben,
die mit dem Schneck in Frieden leben.
Wahrscheinlich hat's dazu geführt:
Der Garten ist zubetoniert.

Das kann's nicht sein, das will ich nicht!
Ich sehe es als meine Pflicht,
dem Rittersporn den Schutz zu geben,
die Fritillaria soll leben.
Auf Notwehr wohl beruf ich mich.
Das heißt dann wohl: Ihr oder ich!

Manchmal bin ich wutentbrannt,
dann führt der blanke Zorn die Hand.
Ob Messer, Schere, Spargelstecher,
ich fühl mich als der Pflanzen Rächer,
wenn nach 'ner kühlen Regennacht
der Schnecke Nachtwerk ist vollbracht
und auf den nackten Stängelspitzen
die roten, schwarzen Biester sitzen.
Ein Tritt, ein Schnitt, ein Schlag, ein Stich,
ich sag es: Lustvoll ekelt's mich.

Zuletzt bei kühlem Mainachtregen
konnt ich nicht ruhig ins Bett mich legen.
Am Ende nach den Tagesthemen
musst ich die Taschenlampe nehmen
und habe dann bis Mitternacht
'ne Menge Schnecken umgebracht.

Nachdem dann alles leergeräumt,
hab ich vom Paradies geträumt,
vom Garten Eden, schneckenlos,
mit Türkenbünden heil und groß,
Erdbeeren makellos und prächtig,
der Funkien Blätter glatt und mächtig.
Ich träumte glücklich, ohne Hass,
es gab nicht Schleim noch Scheckenfraß.
Doch nach dem Traum da war's mir klar:
Der Garten Eden ist nicht wahr.

Am einen Tag da sind's die Schnecken,
am nächsten ärgern mich die Quecken,
ob Wühlmaus, Giersch und Rückenschmerz,
auch Regenmangel quält das Herz.
Wenn ich morgens früh aufsteh'
Und dann in den Garten geh,
dann erleb ich immer dies:
Vertreibung in das Paradies.

Konrad Stumpf

23. August, Anke Stoltenberg

Wildwuchs

Nachmittags bin ich bei Stoltenbergs. Der Tag ist angenehm warm geworden und wir haben uns auf der Terrasse niedergelassen, gleich neben dem „wilden Beet" und wollen es nun unter die Lupe nehmen. Wollen gucken, ob Heilpflanzen dabei sind. Die älteste Tochter Anna kann's kaum erwarten, während Ferdinand und Auguste lieber bei der Heuernte helfen, die gerade auf Hochtouren läuft. Die kleine Helene leistet uns Gesellschaft.
Anna nennt als erstes die Brennnessel, dann Löwenzahn. Und Meerrettich meint sie zu erkennen. Es ist aber Krauser Ampfer, der auch so große Blätter hat. Sie kennt Frauenmantel und Malve. „Kälberkraut ist es wohl eher nicht", sage ich, es scheint Kälberkropf zu sein. So sitzen wir unter dem Sonnenschirm und schauen in Bücher, lesen nach, sortieren und listen auf. Zwanzig bis dreißig Pflanzenarten sind es insgesamt, hatten wir geschätzt. Nun zählen wir auf diesem Beet siebzehn gepflanzte Arten und fünfunddreißig wilde. Es beginnt das etwas mühsame Herauslesen von Eigenheiten, Heilwerten, wobei sich Anna erstaunlich bissfest zeigt. Sie identifiziert Pflanzen und liest schwierige Passagen vor.
„Mama, guck mal da!" Anna zeigt auf eine Abbildung: „Blatt einer Taubnessel mit Aura", liest Anke vor, „Weest Du, wat Aura is, Anna?" Die verneint und bekommt erklärt, dass es die Ausstrahlung eines Menschen ist, die mit Farben zu tun hat, was einige Menschen sehen können, andere nicht. „Wie Onkel Herbert, weest du?" Anna nickt und Anke fährt fort: „Onkel Herbert ist blind und sieht und fühlt die Welt über Farben, über das Dritte Auge. Er nimmt Menschen ganz anders wahr, sieht und heilt Krankheiten wie Gürtelrose, chronische

as Wildwuchsbeet ist
tzt gänzlich von einem
flanzenteppich überzogen,
eine schwarze Erde ist
ehr zu sehen.

Helene hat den Bogen nun raus, setzt ihren kleinen Spaten an und schwupp! ... Guck, wie sie strahlt!

Kopfschmerzen und so etwas. Er ist dann hinterher aber, wenn er Menschen geholfen hat, total kaputt – was ihn nicht davon abhält, es wieder und wieder zu tun. Onkel Herbert ist Gärtner und hat Bienen. Er fühlt, wenn in einem Volk etwas nicht stimmt. Und es ist total spannend, wenn er erzählt. Obendrein hat er noch einen tollen Garten, ackert völlig ohne Chemie." Wir sind nun seit drei Stunden dabei, die Kräuter zu begutachten und über sie zu lesen, und noch lange nicht fertig ...

„Ihr Lieben ... ich werde die Sache zu Hause weiter bearbeiten. Lasst uns in den Garten gehen, ich bin neugierig auf Eure Riesen-Möhren."

Anke

24. August, Anna Jacobi

Abendvisite

In jüngeren Jahren hatte Anna sich sogar an die Bildhauerei gewagt. „Der Schäfer“ am Teich erzählt von dieser Zeit.

Anna Jacobi liebt Steine. Heute Abend wird gerade ein neuer Platz für einige große Feldsteine gesucht. „Sie waren eingewachsen und nicht mehr zu sehen. Schade drum", sagt Anna und versucht, dem jetzt schon schwitzenden jungen Mann klar zu machen, wo und wie dieser wunderschöne rötlich graue Granitbrocken liegen soll. Das ist gar nicht so einfach, denn Steine haben auch ein Gesicht. Aber plötzlich liegt er. „Perfekt!" „Stimmt", finde ich auch. „Der Nächste bitte!" Danach tauschen wir uns über mögliche Kandidaten zum Umpflanzen aus und überlegen uns eine Rankhilfe für die Wucher-Rose 'Venusta Pendula' hinten beim Bambus-Dickicht. Lange Bambusstangen könnte Anna hier einsetzen lassen, vor der Drachen-Skulptur. Und als Bodendecker zwischen *Buxus*-Kugeln im weißblumigen Bereich wäre kleinblättriges Efeu passend. Schließlich betrauern wir die Apfelquitte. „Jahrelang war sie ein Traum. Und dann habe ich sie beschnitten, weil ich dachte, die Zweige seien zu eng verwachsen. Seit zwei Jahren murkelt sie nun, kriegt braune Blätter und schmeißt

Betrübt muss Anna feststellen, dass der Quittenbaum nach dem Rückschnitt kränkelnd halbreife Früchte abwirft – Monilia, eine Pilzinfektion.

halbreife Früchte ab." Anna sammelt eine von diesen noch unreifen, weich bepelzten Quitten auf. Wir setzen uns für eine Weile auf die Bank am Steilhang und schauen auf den See – welch ein Sommerabend ... und dann an diesem Platz!
Beim Weggehen komme ich an ihrer 'Graciosa' vorbei. Sie hat sich gut entfaltet und steht jetzt ein wenig verborgen unter dem Schleier überhängender Gräserspitzen vom Chinaschilf 'Gracillimus'. 'Graci osa' und 'Gracillimus' nebeneinander – weiß Anna von der Namensähnlichkeit?

26. AUGUST, MAREN SCHMIDT

Tatsachen schaffen

Es ist ein stürmischer Nachmittag mit heftigen Regenschauern gewesen. Aber nun, gegen Abend, klart es auf. Bei Maren Schmidt in Neumünster scheint es ohnehin trockener gewesen zu sein. Sie kommt mir mit vollen Händen entgegen: Lederne Arbeitshandschuhe, Pflasterhämmer und einen Handfeger sehe ich. Maren ist noch so richtig in Fahrt, hat Wege gepflastert, Beetkanten geschaffen und kleine Flächen für die Terrakotta-Töpfe, die vorher auf dem Balkon gestanden hatten. „Es ging so flott von der Hand dieses Mal!" Sie strahlt. „Die Jahre zuvor hatte der Granit gelegen und gelegen ... und jetzt: flutsch, flutsch!" Stolz präsentiert sie die Früchte der letzten Arbeitstage: Schön geschwungene Linien aus Granit-Kleinpflaster zusammen mit verschieden großen alten Betonplatten. Sie hat an der Stelle, wo wir gerade stehen, eine Art Schwerpunkt gebildet, hier werden die Töpfe gut zur Geltung kommen. Gleichzeitig trennt dieser Bereich den vorderen und hinteren Teil des Gartens und schafft den Übergang vom

Maren hat den vorderen Gartenbereich mit dem hinteren durch Pflaster verbunden. Es scheint nicht nur dem Garten gutzutun ...

Obst- zum Blumengarten. „Und dann ... komm mal mit.” Wir gehen in den hinteren Gartenteil, zum großen alten Apfelbaum und ich werde einer Baum-Schlange gewahr: ein Objekt von Walter in Orange-Gelbgrün, rot züngelnd liegt sie im Geäst. „Stell Dir vor Tine, letzte Woche sehe ich noch eine zweite, mehr graue Schlange im Gras liegen. Ich dachte, sie sei auch ein Werk von Walter, aber dann husch, husch ... war sie weg. Eine Ringelnatter.“ Wollte der Orange-Gelbgrünen wohl mal guten Tag sagen.
„Und kennst Du schon die ‘Spanische Gärtnerin’?“, führt sie mich ein Stück weiter. „Ich hatte noch nicht das Vergnügen ...“ und muss wirklich lachen über das geschnitzte Gesicht am oberen Ende des Zypressenpfahls mit Hundenapf als Kopfbedeckung und darauf gebundener blauer Glasvase. „Humorige Person...“

Doff! Schau mal, wie die Schlange da auf dem Ast liegt. Hörst Du sie zischeln?

Maren

28. August, Christiane Büch

Unsichtbare Bindungen

Mein Mann ist dieses Wochenende Segeln gegangen und ich habe das Bedürfnis, allein einen großen Spaziergang über die abgeernteten Felder zu machen, über die Stoppeläcker, zum Hügelgrab. Es ist Sonntagvormittag und ich merke, wie ich mich auf eine Gedankenreise zu den *Gillenias* und den Gärten begebe. Sofort spüre ich eine Art Verbindung zwischen diesem Platz und dem Garten von Anna Jacobi ... merkwürdig.

Überhaupt spüre ich an diesem Vormittag eine starke Verbindung zu den Gärten und ihren Besitzern. Sie sind mir so nah und ich sehe die unterschiedlichen Eigenheiten der Gärten und Gärtner so deutlich vor mir.

Ich fühle mich glücklich und so eng mit der Natur verbunden, mit den Gräsern und den blauen Glockenblumen, mit den Bienen und den kleinen gelben Blütensonnen des Habichtskrauts hier auf dem Hügel.

Erst nach einer ganzen Weile verlasse ich den Platz, wandere noch in Richtung See und fange irgendwann an, kleine graublaue Flintsteine aufzusammeln. Irgendwie kommen sie mir vor wie verlorene Buchstaben in der braunen Erde dieses Ackers. Einige fühlen sich an wie Werkzeuge zum Schaben, liegen gut in der Hand. Zuhause lege ich sie auf ein Holzbrett. Zu erzählen haben diese Buchstaben-Steine bestimmt etwas ... ich kann's nur nicht lesen.

6. September, Irmgard Gloge

Ein Gartenjahr ist wie ein Menschenleben

9 Uhr, ich bin bei Irmgard Gloge zum Tee verabredet. Ein liebevoll arrangierter und mit einer Wolldecke kuschelig gemachter Platz auf der Gartenbank wartet bereits. Ich setze mich mit Blick auf 'Arcana'. Tee in der Thermoskanne, davor Becher und eine Duftrose im Väschen auf dem Korbtablett – Irmgard Gloge hat alles so liebevoll vorbereitet. „Ich habe mich gewundert, warum ich so kindlich an Sie gedacht habe, Frau Büch", sagt sie und gibt mir ein Büchlein. Dann entspinnt sich ein längeres Gespräch über den Jahreszyklus der Natur und über das Altern. „Mein Garten wird jetzt gehorsamer", und dabei lässt Irmgard Gloge den Blick über ihre Landschaften schweifen.

Ein Gartenjahr ist wie ein Menschenleben. Erhofftes, zartes Erwachen, dann bald kaum zu bändigendes beglückendes Wachstum im Frühling. Im Hochsommer fallen etliche Illusionen; aber es entwickeln sich auch Eliten, ganz Begabte, die sich durchsetzen mit glänzenden Eigenschaften. Bis wir in die Herbstzeit gleiten – zuerst noch voll praller Farbigkeit hin zu spiritueller Harmonie. Auch die Zeit der dankbaren Rückschau liegt im Herbst.

Irmgard

Zurück zu dem Büchlein, das sie mir gegeben hat. Sie schenkt mir ihr Kinderbuch von Hoffmann von Fallersleben. „Irmgard“ steht mit kindlich ungelenker Handschrift im Buchdeckel geschrieben und Buntstift-Striche sind auch darin. Ich bin gerührt. Sie weist mich noch auf ein Gedicht hin. Welches Blümchen von Fallersleben wohl vor Augen hatte?

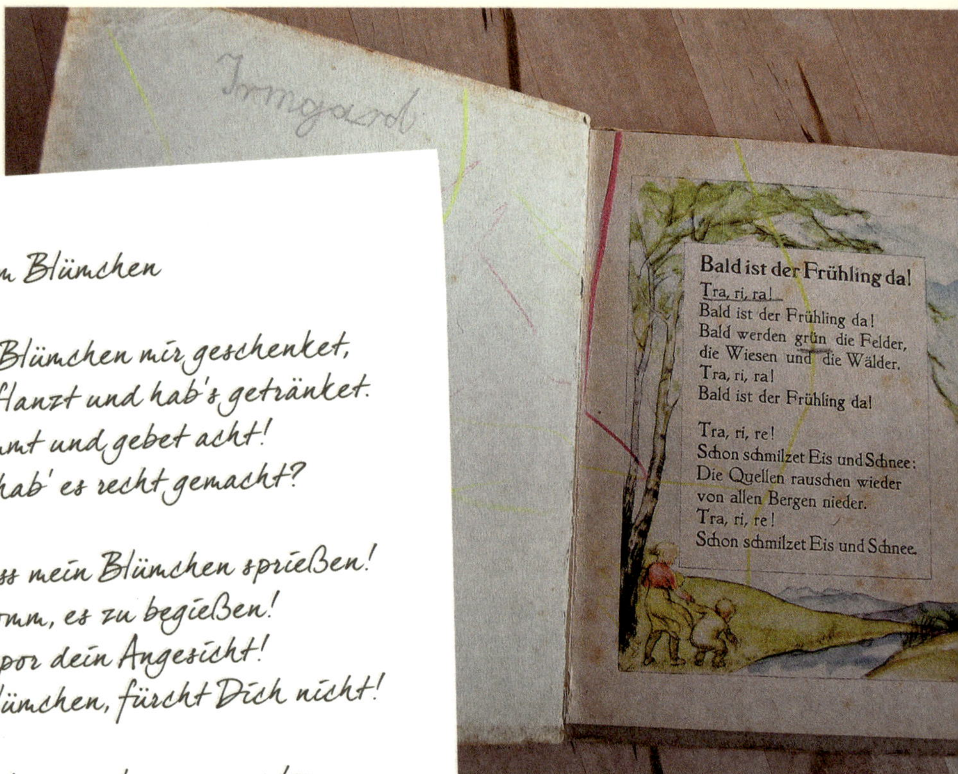

Mir werden die Augen feucht ... dieses Büchlein, dieses Gedicht! Wie eines von Irmgards Gedichten auf ihre ‚Arcana‘ ...

Von meinem Blümchen

Ward ein Blümchen mir geschenket,
hab's gepflanzt und hab's getränket.
Vögel, kommt und gebet acht!
Gelt, ich hab' es recht gemacht?

Sonne, lass mein Blümchen sprießen!
Wolke, komm, es zu begießen!
Richt empor dein Angesicht!
Liebes Blümchen, fürcht Dich nicht!

Und ich kann es kaum erwarten,
täglich geh' ich in den Garten,
täglich frag' ich: Blümchen, sprich!
Blümchen, bist Du bös' auf mich?

Sonne ließ mein Blümchen sprießen,
Wolke kam es zu begießen,
jedes hat sich brav bemüht
und mein liebes Blümchen blüht.

Hoffmann von Fallersleben

7. September, Ilka Mahro

Jede Königin hat ihre Zofe

Gegen Abend fahre ich zu Ilka Mahro, die gerade vom 80. Geburtstag ihres Vaters aus Österreich zurückgekehrt ist. Sie wirbelt aber schon kräftig in ihrem Garten herum, schneidet Abgeblühtes weg. Nun sind es die Gräser und skurrilen Blüten, denen sie in einem großen Beet von sicher 100 Quadratmetern Raum gibt. Die Stauden auf diesem Beet erreichen im Herbst locker Höhen von bis zu drei Metern. „Es ist mir fast ein bisschen zu hoch hier vorne am Haus."
Wir kommen auf die Farbgebung zu sprechen. Braun- und Blautöne bis Violett, Weiß und bläuliches Rosa sowie Cremegelb und ein wenig Orange dürfen sein. Aber bitte kein kräftiges Gelb, wie es im Herbst so oft bei Sonnenhüten und Sonnenbräuten vorkommt. „Es knallt so heraus."
Sie ist mehr für die weichen Farbübergänge zu haben und erzählt von dem Wunsch eines Kunden: Er wollte knallfarbene Staudenbeete. „Zur Not müssen wir im nächsten Jahr etwas austauschen, wenn er sich daran übersehen hat", meint sie schließlich. Wir tauschen Erfahrungen im Umgang mit Kunden und ihren Wünschen aus. Es ist nicht einfach, alle Vorstellungen unter einen Hut zu bringen. Und der Laie stellt sich professionelle Gartenplanung oft so einfach vor.
Wir lästern über Männer, die ihren gartenbegeisterten Frauen eine Gartenveränderung auszureden versuchen, weil sie meinen, der Garten sei doch schön so, außerdem mache er schon jetzt eine Menge Arbeit und sie verstünden ihre Frau nicht ... Leider nimmt kaum jemand den Garten als Spiegel, ja oft sogar als Vehikel für die eigene Persönlichkeitsentwicklung wahr – schade.

Wir erleben uns und unsere Gärten im ständigen Wandel und ich sehe Ilka in rasantem Tempo vorwärtsstürmen.

Schon vor ein paar Jahren hatte ich ihre Gartenschöpfung als sehr schön empfunden. Jetzt werden hier weitere Pflanzencharaktere ausprobiert. Solche, die ich als männlicher empfinde, wildhaft und herbe. Und Ilka setzt sich heftig mit diesen Arten auseinander, versucht vieles. Für mich als Besucherin ist nun eine neue Vielfalt und Ausgewogenheit zu erleben. „Es ist eine erstaunliche Verdichtung entstanden. Keine Pflanze steht allein. Du hast alle Pflanzen in Sympathie miteinander gebracht. Auch bei den Rosen sehe ich es: Jede Königin hat ihre Zofen, und keine Pflanze stiehlt der anderen die Schau. Welch ein gelungenes, liebliches Miteinander. Es ist von einer Feinheit, wie sie selten zu finden ist." Ilka bestätigt: „Das höre ich dieses Jahr ganz häufig ... wo ich manchmal denke, hoppla, kennst mich gar nicht und Du redest gleich von liebevoll und großer Liebe, die im Garten sichtbar ist? Andererseits merke ich selbst die Weiterentwicklung meiner Gestaltungen, meine Sicherheit und Vorstellungskraft."

Meistens braucht ein Garten eine gewisse Zeit zur Entwicklung. Und wenn die Liebe erweckt ist, fällt einem die Pflege leicht. Auf meine Frage, ob die Pflanzen ihr etwas erzählen, vielleicht in dem Sinne von: „Ich mag hier nicht stehen, ich mickere hier rum, hast Du

Staudenbeete in dieser Harmonie zu kreieren, braucht Erfahrung und Kenntnisse, die man sich nicht mal eben anlesen kann.

einen besseren Platz?“, antwortet sie: „Die einen sagen ‚sprechen‘ dazu, die anderen ‚fühlen‘ sich hinein. Vielleicht ist es eine Glaubensfrage? Je tiefer wir eindringen in die Welt, umso mehr gibt es zu entdecken und jeder tut es auf seine Weise.“ Natürlich wissen wir, dass vieles mit Bodenverhältnissen und Wetter zu tun hat, aber es spielen auch noch andere Dinge eine Rolle. Jede von uns kann dazu kuriose Geschichten erzählen. Und Ilka hat auch eine Stockrose mit Farbbewusstsein: Mitten in die Strauch-Rose ‘Ghislaine de Féligonde’ hat sich eine Stockrose in einem ähnlichen Gelb etabliert. Es ist die einzige in diesem Farbton auf dem gesamten Grundstück!
Wir beide kennen Pflanzen, die hartnäckig auf ihrer Anwesenheit im Garten bestehen und staunen beide über den schleichenden Wandel im Farbbild des Gartens. Und manche Nachbarschaften sind eben einfach nicht auszuhalten, sie passen einfach nicht – das gibt es sowohl bei den Menschen als auch bei den Pflanzen. Wir erinnern uns, dass Pflanzen in der Natur auch Wuchsgemeinschaften bilden. Und nun erdreisten wir Gärtnernde uns und schaffen willkürlich neue Gemeinschaften, pflanzen chinesische, kaukasische, südamerikanische, japanische, kanadische, griechische, andalusische ... Gewächse von sonst woher durcheinander.

Auch ohne die Pflanzen zu vermenschlichen müssen wir einsehen, dass man nicht alles mit ihnen machen kann. Jede Pflanze braucht ihre bestimmten Bedingungen, ihren Boden, Licht oder Schatten, Trockenheit oder viel Wasser...
Welche Rolle dürfen wir als Gärtner dabei spielen?

Übergroße Pflege und Sorge um die Pflanzen tun ihnen nicht gut, stellen Ilka und ich immer wieder fest. Riesige Erwartungshaltungen sind dem Gedeihen ebenso abträglich. Besser ist neugieriges Erwarten und Be-Wundern – das wirkt auch Wunder. „Pflanzen mögen die Aufmerksamkeit, aber nicht dieses dauernde Gucken nach Krankheiten.” Ich stimme zu: „Nein, das ist es nicht. Richtig Gärtnern hat auch viel mit Selbstdisziplin zu tun und mit Wissen um die Dinge.“ Denn es klappt einfach nicht, diffizile Anpflanzungen – wie zum Beispiel Ilkas Steppenpflanzenbeet – ohne Kenntnisse zu hantieren. „Eigentlich ist es pflegeleicht”, sagt Ilka, „ich muss nur zu den richtigen Zeitpunkten reagieren und ausgeblühte Stauden zurückschneiden.” Es ist schon längst dunkel geworden, als ich meine Sachen vom Gartentisch räume und nach Hause fahre.

Es gibt eine verborgene Schönheit. Es ist die Innigkeit, mit der die Menschen ihren Garten pflegen, wie sie von ihrem Tun erzählen, wie sie dabei strahlen oder in tiefem Ernst mit ihm verbunden sind.

10. September, Burkhard Gombault

Gärtner-Philosophien

Es ist gleich 9 Uhr und nicht mehr weit zu fahren bis zu Burkhard Gombault. Wie der Garten wohl heute aussieht? Jedenfalls ist er ein Verwandlungskünstler und voller Geheimnisse. Siehst Du auch schon die Feen huschen? Hörst das Elfengekicher und leise Hüsteln der Zwerge ... ein Räuspern?
Zuletzt waren wir hier, als die Lilien blühten, und wir wissen, dass ein schneller Blick im Garten unmöglich ist. Wir haben das Tempo zu drosseln, um ganz langsam auf jedem Quadratzentimeter Neues zu entdecken. Sachte Fuß vor Fuß gesetzt und aufgepasst: Bloß nichts zertreten!

Der Garten schwingt im eigenen Mikrokosmos. Pflanzen, Tiere und Menschen leben miteinander, verweben sich. Und nur der Kenner weiß, welch achtsame und wissende Gärtnerhand hier im Verborgenen wirkt.

„Was möchten Sie eigentlich mit dem Nadelbaum tun?", ich zeige auf einen meterhohen Lärchensämling, der mir im Frühling schon Fragezeichen aufgesetzt hatte. Lärchen werden riesig und diese ist mitten im Garten aus Samen aufgegangen. „Die lasse ich stehen", kommt es entschlossen von meinem Gegenüber. „Mutig", entfährt es mir. „Dann gibt es ja noch einen totalen Wandel des ganzen Gartens." Burkhard Gombault nickt und freut sich über die Lärche, die sich hier eingefunden hat.
„Ein Trieb ist abgeknickt worden von den Eichhörnchen, die hier gerne quer durch den Garten turnen. Schade, dass jetzt keine Vor-

Es gibt keine Beete im Garten von Burkhard Gombault, der Garten ist ein Gesamtkunstwerk.

führstunde ist." Die Eichhörnchen holen sich Nüsse aus den Haselsträuchern an der Ostgrenze, wohnen aber gen Norden. Also toben sie quer durch den Garten und benutzen dabei auch den noch zart gebauten Pfirsichbaum in der Mitte. Sie springen auf die zierlichen Zweige und stürzen manchmal ab – was ihnen nichts ausmacht, fallen sie doch weich in Blumen, Farne oder eben auf den jungen Lärchensämling. Wir verhalten uns eine Weile still, hören es rascheln und knacken. "Na, wird sich noch eines zeigen?"
Ich erfahre von Burkhard Gombaults altem Wunschtraum, hier einen Naturbereich zu schaffen. „Es braucht vor allem viel Zeit," meine ich. „Ja, es braucht seine Zeit und ich hatte mich einfach überfordert, hatte nicht die Erfahrung. Die kommt eben erst mit dem Wachsen. Die Situation verändert sich in dem Augenblick, wo ich Gehölze hineinsetze. Sofort wechseln die Bedingungen für alle anderen Pflanzen. In der Natur ändert sich auch dauernd alles. Zwar kenne ich einige Orte, an denen die Pflanzenmixtur relativ gleich bleibt, aber in der Regel kommen ständig einige Pflanzen dazu und andere gehen weg. Erfreulicherweise tauchen sie auch manchmal plötzlich wieder auf.

Ich finde es spannend, einen Garten zu haben, in dem die Natur viel Freiraum hat und wo wir nur ganz behutsam eingreifen.

BURKHARD

Wenn man einmal beobachtet, wie es unter Laubbäumen und Sträuchern zugeht, wird man einem steten Wechsel gewahr. Bis vor kurzem gediehen dort zum Beispiel noch Rodgersien.“ Ich schaue hinüber und bemerke: „Sie sind dabei, sich zu verabschieden?” „Ja, und ich weiß noch nicht, ob ich sie überhaupt behalten möchte. Rette ich sie und pflanze sie um? Oder war es das? Viele Pflanzen hat man nur eine Zeit lang, begleitet sie, erlebt sie. Und wenn ich sie genug erlebt habe, hole ich dann anderes in den Garten.“ „Alles hat seine Zeit”, sage ich. „Man lernt, lernt kennen und weiß vielleicht bald, Sämlingspflanzen zu unterscheiden. Oder beim Jäten zum Beispiel: Was ziehe ich heraus, was ziehe ich nicht heraus? Was habe ich ausgesät, was hat sich versamt, was möchte ich behalten, wovon habe ich genug?”

Sämlinge zu unterscheiden ist nicht einfach und nicht viele Gärtnernde können es. Bedauerlicherweise, denn ihnen entgehen die Geschenke des Zufalls.

Enzian- und Alpenveilchenblüten neben Lungenkrautblättern und Pfennigkraut unter Farnen.

„Es ist schon gut, wenn man das heimische Wildkraut kennt, es rauszieht und alles andere erst einmal wachsen lässt. Es bleibt immer noch genug Zeit zum Ausreißen der anderen Störenfriede. Besonders schade ist es um die Zwiebelgewächse. Viele Arten versamen sich deshalb nicht in den Gärten, weil die Eigner die Zwiebelsämlinge nicht erkennen und wegjäten. So verhindern sie manchmal Wunderschönes ohne es zu wollen." „Genau! Wenn ich zwischen Winterlingen hacke und das Laub wegharke, hätte ich sie gar nicht erst zu pflanzen brauchen. Aber wenn ich es nicht tue," schmunzelt er, „werden sie fast zu einer Plage, weil sie überall auftauchen. Ich muss schon aufpassen ... auch auf Bärlauch, *Allium ursinum* und *Allium roseum* ... oha!" Es ist wichtig, seine Pflanzen zu kennen und viel von ihnen zu wissen, resümieren wir. Der Zugewinn ist erheblich. Auch können wir beim Aussamen mit neuen Sorten rechnen. Aber nur die stärksten Sämlinge überleben.

„Das habe ich mit den Lilien erlebt. Von tausend Lilien haben sich vielleicht zwölf Stück dauerhaft im Garten angesiedelt. Die Schönsten, so empfand ich es jedenfalls, starben weg. Was man hat, wird zur Gewohnheit." „Ist vielleicht ein Ur-Antrieb, dass das andere, das Fremde uns schöner erscheint," meine ich. „Es ist die Ur-Herausforderung, immer wieder etwas Neues zu probieren." „ Ja, sonst passiert gar nichts," meint Burkhard Gombault.

„Und wie wollen wir überhaupt das Leben und Sterben von Pflanzen verstehen?", überlegen wir nun. „Ich denke gerade an das Bambussterben. Diese Bambus-Art, so sagt man, stammt zumindest im deutschen Raum von einer einzigen Pflanze ab, die immer wieder geteilt wurde. Und als die Blütezeit gekommen war, blühten alle, weil es eigentlich nur eine war – eine Seele, deren Zeit abgelaufen war ..." „Ja, damit ist diese Existenz dahin. Bei anderen Pflanzen, den Einjährigen, erleben wir diesen Zyklus überschaubarer."

Und dann verheddern wir uns bei den Gedanken an Fremd- und Selbstbestäubung, an Stecklinge und die Frage, wann ich ein eigenständiges Individuum habe. Jetzt fällt uns die Vorstellung leichter, dass alles Leben ineinandergreift. „Insofern sind die Bienen göttliche Wesen", meine ich. „Sie sorgen für die Befruchtung und somit für den Fortbestand so vieler Pflanzenarten." „Und es ist aber auch jedes Leben sinnvoll, alles ist im Zusammenhang. Tiere sind nicht von Pflanzen zu trennen und umgekehrt. Mikroorganismen und so manches, was wir schrecklich finden, haben ihren Sinn. Wir sind nur nicht recht in der Lage, das alles zu begreifen."

„Das Wichtigste ist eine kleine Gartenkralle mit nur einem Zinken“, stellt Burkhard Gombault unvermittelt fest, ich stimme lachend zu. „Und komischerweise sind sie ganz schlecht zu bekommen, was ärgerlich ist, denn der Verschleiß ist groß.“ Bei unserer Art zu Gärtnern arbeitet man an vielen Stellen gleichzeitig, die Kralle bleibt auf der Strecke, irgendwo zwischen den Stauden. „Ich arbeite nie planvoll“, sagt der Gärtner „nehme mir die Arbeiten nicht vor. Nee, das geht nicht, da hat man schnell keine Lust mehr. Und ich kann nicht so lange in der Hocke sitzen, weil die Beine einschlafen. Also tue ich zwischendurch etwas anderes: binde an, schneide ab, jäte dann wieder ... und im Nu sind die Werkzeuge im ganzen Garten verteilt und ich hatte Körperertüchtigung auf ganzer Linie.” „Das ist mein Reden”, greife ich auf, „ich glaube auch, dass das Potential des Gärtnerns noch gar nicht richtig wahrgenommen wird – für die Gesundheit meine ich. Ich denke da zum Beispiel an Depressionen.“ Herr Gombault pflichtet mit bei: „Ich glaube mit Sicherheit, dass dieses Herumkriechen da unten mit den Pflanzen, in sich versunken mit den eigenen Gedanken und dieser inneren Ruhe ... ich kann gar nicht beschreiben, was da alles abläuft ... dass uns das auf vielen Ebenen heilt. Seelisch und körperlich, meine ich. Denn nicht zu vergessen, ist es auch richtige körperliche Arbeit.“ „Schufterei!“, werfe ich lächelnd ein, „Richtige Plackerei!”

„Es ist mehr eine Meditation, wenn man bewusst etwas im Garten macht, so ganz in Ruhe. Ich nehme eine Handvoll Erde und schaue, was da drin alles lebt. Da bin ich ganz ehrfürchtig”, sagt Burkhard Gombault. Und mir kommt das Wort „heilig” in den Sinn.

Wir landen in unserem Gespräch nun bei der Art und Weise, wie wir Dinge tun. Uns beiden scheint es wichtig, achtsam und ehrfürchtig vorzugehen, gerade auch in den kleinen Verrichtungen des Alltags. Hat man doch immer die Möglichkeit, Dinge gut und schlecht zu machen. Jedes Gute baut mich auf.
Beflügelt trete ich den Heimweg an und mein Gespräch mit Burkhard Gombault klingt noch nach. Hier hatte jemand genau benannt, worum es beim Gärtnern geht.

13. September, Christiane Büch

Blumen aus Atlantis

Es ist ein zauberhafter Morgen und ich kann mich gar nicht trennen von meinem Garten, jäte also herum, schaue zu den Bienen ... und da höre ich plötzlich die magisch blaugrüne *Cerinthe major* 'Pride of Gibraltar' zu mir sagen, sie sei aus Atlantis und hätte von dort zu erzählen. Es kam dann aber nichts ... kein Wort. Hmm, wie soll ich bloß mit so etwas umgehen? Ich halte mich an meinen Vorsatz und schreibe es so auf, wie ich es erlebe.

Später auf der Terrasse sitzend denke ich: Na, dann ist die blauviolette Wicke aber auch aus Atlantis. Sie duftet wie aus Atlantis, denn so ein Duft ist nicht von dieser Welt. Und dann muss ich loslachen, wegen der Hummeln im Blumenbeet. Wenn dicke Hummeln sich auf die Blütenstände des zart gebauten Eisenkrautes setzen, neigen sie sich jedes Mal tief abwärts. Es sieht aus wie eine Schiffsschaukel auf dem Jahrmarkt. Versonnen schaue ich zu und fühle mich mit „unserer" Pflanze sehr verbunden. In einem Anflug von Albernheit hatten mein Mann und ich sie vor vielen Jahren als „unsere" Pflanze erkannt. Als Maschinenbau-Ingenieur ist er das „Eisen" und ich bin natürlich das „Kraut" – Eisenkraut. Jahre später hatte uns diese Pflanze während einer großen Krise in unserer Beziehung als Symbol gedient und richtig weitergeholfen. Glaub mir, sie war unsere Mediatorin.

Ich muss wieder lächeln ... die Hummeln! Heißt es nicht, dass die Hummeln sich mit diesen zarten Flügelchen eigentlich gar nicht in die Lüfte erheben können dürften? Ist es nicht ein Wunder, dass sie es dennoch einfach tun?

Christiane

17. September, Monika Birkner & Fritz Haslbeck

Blau machen

Nach einer klaren Vollmondnacht zeigt das Thermometer nur 4° C an diesem Morgen. Ich bin auf dem Weg nach Brenkenhagen zu Fritz Haslbeck. Monika ist für ein paar Tage im Krankenhaus. Nun steht er alleine im Garten und hat von seiner Frau „Instruktionen“ für verschiedene Arbeiten bekommen, die sonst sie verrichtet. Ach herrje, so genau kennt er sich mit den Pflanzen im Bereich seiner Frau nun doch nicht aus. „Ich bin mehr der mit dem architektonischen Blick“, sagt er.

„Für mich ist die Pflanze als solche nicht so entscheidend. Der Schwerpunkt liegt auf der Gesamtgestaltung. Pflanzen sind für mich Gestaltungselemente genauso wie Sand, Erde, Steine, Holz und Licht. Bei meiner Frau ist es ganz anders: Jede Blume ist ein Unikat.“

„Wie fühlt es sich für Sie an, wenn Sie hier im Garten sind ohne Ihre Frau?“ „Etwas seltsam, weil wir uns ständig absprechen, wenn ich in ihrem Bereich arbeite. Und jetzt habe ich Tulpenzwiebeln gekauft, wie vereinbart. Sie hat mir gesagt, ich soll sie ganz willkürlich verstreut pflanzen.“ Er zuckt mit den Schultern. „Nach englischem Muster“, werfe ich ein, „Zwiebeln aufs Silbertablett gelegt und elegant rückwärts über die Schulter nach hinten gekippt.“ „Ja, ja“, lacht mein Gegenüber, „so ähnlich ...“ und ich merke, dass es nicht seinem Naturell entspricht.
„Die Tulpen in meinem Gartenbereich werde ich in geometrischen Formen pflanzen. Wir haben durchaus ähnliche Tulpenfarben: Lila

Monika ist dieser Tage im Krankenhaus, was Fritz im Umgang mit dem Gärtnerischen ausbremst.

und Violett für das Frühjahr, kein Rot und kein Gelb. Doch ja ... es ist ungewöhnlich ohne meine Frau. Ich muss sie doch immer wieder fragen, wenn's um die Pflanzen geht. Blütenstände abschneiden und diese Dinge." „Das Pflegen scheint eher weiblicher Natur zu sein", überlege ich, „eine weibliche, urmütterliche Betätigung." „Meine bessere Hälfte", fährt der einsame Gärtner nun fort, „wird schon ein mulmiges Gefühl haben. Was macht er wohl jetzt mit den Tulpen ...? Also dieses Loslassen, dieses 'Lass-ihn-mal-machen-es-wird-schon-nicht-so-schlimm-werden', das fällt ihr schon schwer."
Fritz Haslbeck möchte dringend etwas in seinem Bereich verändern, denkt an Keramiksteine und farbigen Glasbruch. Außerdem ist die Hainbuchenhecke nicht gut angewachsen, sie hätten die Mond-Pflanztage nicht missachten sollen, sagt er mir. Jetzt soll sie gegen eine Rot-Buchen-Hecke ausgetauscht werden. Meine Haltung zum Mond ist ja ambivalent. „Es gibt so viele Dinge, die wir schlicht nicht verstehen", meint er, „und allein die Tatsache, dass wir es nicht verstehen, reicht nicht aus, um zu behaupten, dass sie nicht existieren. Wir halten uns seit einiger Zeit an den Mondkalender und haben sehr

Fritz Haslbeck liebt geometrische Formen und dieses besondere Blau – sein Blau.

gute Erfahrungen gemacht. Vielleicht kommt auch ein bisschen Einbildung dazu." „Mir kommt es zunehmend kindisch vor, den Einfluss der Gestirne zu leugnen. Obwohl ich am Anfang skeptisch war, das muss ich zugeben, weil es mich einfach in Stress versetzt hat, auch noch darauf achten zu müssen. Aber nun denke ich, die Sonne hat doch auch Einfluss, keiner würde das je bestreiten. Ich sollte vielleicht auch ein wenig mehr auf den Mond achten ..."
„Sollen wir noch ein Tässchen Tee trinken?", fragt er mich. „Gerne." Wir setzen uns und sprechen über Farben im Garten. Fritz Haslbeck sinniert über leuchtendes Blau: „Es ist für mich einerseits eine Kontrastfarbe zu unseren Blumen hier, andererseits steht Blau für das Leben.

Es ist eine Farbe, die ich sehr mag. Eine Zeitlang habe ich gemalt, abstrakte Bilder mit viel Blau." „Blau ist eine Farbe, die uns immer begleitet", ergänze ich. „Himmel und Wasserflächen bescheren sie uns." „Aber so ein Blau", Fritz Haslbeck zeigt nun auf seine blauen Kunststoff-Flächen an der Mauer, „habe ich hier noch nie gesehen. Es ist ein seltener, ganz besonderer Ton. Und eh ich den gefunden hatte ..." Fritz Haslbeck beschreibt einen weiten Bogen mit der Hand. „Ich bin schon lang fasziniert von mittelalterlicher Glaskunst", erzählt er weiter, „und in der Marienkirche in Frankfurt/Oder hatte ich ein so großartiges Blau gesehen ... ich habe überall nach solch einem Ton gesucht. Und schließlich wurde ich fast vor meiner Nase fündig. Wissen Sie wo?" „Wo?" „In einem öffentlichen Gebäude in Potsdam! Ich entdeckte Namensschilder aus einem herrlichen blauen Kunststoff, der dem Betrachter wie Glas erscheint. Und da hatte ich es!" So spinnen wir noch eine Weile in Blau, sehen Vasen und schlichte Dreiecke aus Kunststoff und stellen fest: „Je mehr Vorstellungen und Ansprüche wir im Leben haben, desto mehr müssen wir ihnen hinterherlaufen."

Fritz Haslbeck erklärt mir noch den kürzesten Weg zum Wasser hinunter und so sitze ich wenig später am Strand von Grömitz. Zwischen großen Steinen habe ich es mir mit meinen Picknicksachen gemütlich gemacht. Es tut mir gut, aufs Wasser und auf den blauen Himmel mit seinen Schönwetterwolken zu gucken. Die Sonne hat noch Kraft, erwärmt die Steine. Ich suche mir einen Schreibplatz, denn ich möchte mir ein paar Notizen für das Buch machen.

Was mich seit dem Besuch bei Burkhard Gombault wieder umtreibt: Wie um Himmels willen kann ich es schaffen, die Zwischentöne unserer Gespräche in Worte zu kleiden? Wie kann ich die Schönheit, die in der ernsten Auseinandersetzung mit schöpferischen Vorgängen blüht, ausdrücken? Zum Beispiel Fritz Haslbecks Suche nach dem richtigen blauen Glas – allein diese Geschichte der Bemühungen um Details, die dieser Mensch zu erzählen weiß, sind Stoff genug für ein eigenes Buch.

Jedem dieser neun Gärten könnte ein eigenes Buch gewidmet sein. Aber würde mir das weiterhelfen? Würde ich mit mehr Worten, mit

Monika

Es macht nichts, dass wir keinen wirklichen Durchblick haben. Das stelle ich im Angesicht gewachsener Schönheit immer wieder erleichtert fest.

mehr Abbildungen den zärtlichen Unterton, diese besondere Schwingung in der Sprache von Burkhard Gombault treffen, wenn er von schöpferischen Momenten mit Pflanzen spricht, von Gestaltung, vom Werden üppiger Knollenbegonien? Es ist erlebte Schönheit, die in solchen Momenten aus den Menschen herausperlt. Unmöglich, dieses in Worte zu fassen! „Schönheit ist die Seele der Wirklichkeit", sagt John Donohue in seinem Buch „Schönheit – vom Reichtum des Lebens."

20. September, Ilka Mahro

Alles ist mit allem verbunden

Sonntagnachmittag mache ich mich noch auf den Weg nach Schashagen, rolle auf kleinen Sträßchen im hügeligen Auf und Ab, zum Garten von Ilka. Es ist wieder „Offener Garten" bei ihr. Ich sehe sie mit Besuchern durch den Garten gehen, sie zeigt hier, erklärt dort. Es ist elfenfeines, friedvolles Spätsommer-Frühherbstwetter. Die Zeit steht still. Mücken tanzen im Gegenlicht der Nachmittagssonne. Die Eheleute Birkner-Haslbeck aus Brenkenhagen kommen, um Pflanzen aus Ilkas Produktion zu kaufen.

Ich fühle, wie die Pflanzengespräche uns zusammenbringen, wie wir in der Bewunderung über Pflanzen miteinander verbunden werden, im Angesicht der Schönheit und des besonderen Zaubers hier im Garten.

Gern berät Ilka ihre Gartenbesucher, die oft stundenlang hier verweilen.

Wir versinken gemeinsam in einer Zeitlosigkeit, trinken Tee, essen selbstgebackenen Kuchen. Menschen kommen und gehen und werden von Ilka liebevoll beraten. Die Brenkenhagener wollten nur zehn Minuten bleiben. Jetzt sind zehnmal zehn Minuten daraus geworden, wie sie feststellen. Sie tragen einige Pflanzenschätze zum Auto. Ilka ist hinzugekommen. Sie erzählt, dass sie früher mehr Stress hatte nach solchen Tagen. Es hatte gedauert, bis sie wieder das Gefühl gehabt hatte, dass der Garten ihr gehört. Das ist jetzt anders.

„Pflanzen lieben die bewundernden Blicke," hat Ilka beobachtet. „Ich habe dieses Jahr keine einzige Rose behandelt und sie sind alle super geworden – nur vom Bewundertwerden."

Ich habe einen bildschönen Abendhimmel bei der Heimfahrt und halte beim Feld mit dem Hügelgrab an. Die Sonne geht links daneben unter. Es hat etwas Heiliges, Ewiges ... Es lässt mich mehr denn je fühlen, dass alles und alle mit allem verbunden sind. Alles ist eins.

Wunderschön fängt sich das schräg einfallende Licht in den Gräserblüten.

21. SEPTEMBER, IRMGARD GLOGE

Trauerarbeit

Schon gestern Vormittag haben zwei kräftige Männer unter Irmgard Gloges und meiner Anleitung verpflanzt und geschnitten. Bei traumhaftem Herbstwetter werden die Arbeiten heute fortgeführt. Ich habe das Gefühl, dass der Garten aus seiner Trauer um seinen Schöpfer geführt wird. Die Bahngleise wachsen langsam zu – sollen sie auch. Heute pflanzen wir erste bodendeckende Stauden.
Ich verlasse das Grundstück gegen Mittag mit einem Strauß Liliensamenstände aus dem Bereich der Bahngleise. Ich werde die Samen an die anderen Gartenfreunde weitergeben ... dorthin, wo es noch keine Türkenbund-Lilien gibt.
Am Nachmittag treffen Irmgard Gloge und ich uns in meinem Garten, um schöne Begleiter für ihre Strauch-Rosen auszugucken. Sie möchte vor allem blaue Blumen, die leuchtend blauen fesseln sie besonders: Bartblumen, Bleiwurz und das Helmkraut *Scutellaria incana*. Aber auch der Bronze-Fenchel imponiert, der krausblättrige Rainfarn 'Crispum' und Gräser wie Rutenhirse, *Miscanthus* 'Silberspinne' und gelbbuntes Japangras. Vielleicht auch ein Federgras dazu?

Wir sitzen in Irmgards Garten, ich schlage ihr Begleitstauden für ihre Rosen vor.

2. Oktober, Monika Birkner & Fritz Haslbeck

Schaffensphasen und Sinnesfreuden

Am späten Vormittag bin ich mit Monika Birkner im Gespräch. Ihr Mann ist dabei, einen neuen Weg im hinteren Bereich des Gartens zu pflastern und sie übt sich im Gehen mit einem Gipsbein. Damit ist sie dieses Jahr zum zweiten Mal ausgebremst worden und fängt an, die Ruhephase zu genießen. „Der Garten brauchte mich nicht, ich kann ihn guten Gewissens sein lassen. Ich habe kein schlechtes Gewissen, vielleicht nicht gedüngt, nicht gejätet oder sonst etwas versäumt zu haben.

Ich liebe meinen Garten.
Gestaltete Gedanken, wahrgewordene Ideen,
in letzter Zeit aber immer mehr auch
losgelassene Natur.

Der hintere Garten ist erwachsen geworden, während vorne mehr Aufmerksamkeit vonnöten ist. Dort steckt noch alles in den Kinderschuhen." „Es kommt mir eher wie die Pubertät vor", lache ich und auch sie muss zugeben, dass der Vorgarten mit seinen verschiedenen, großen Gräsern jetzt prächtig aussieht. Obwohl sie so ganz mit ihrem Gräserbeet noch nicht zufrieden ist. „Aber es ist jetzt nicht die Zeit, etwas zu ändern. Ich warte bis ich das Gefühl habe, dass es soweit ist ... sonst würde es nicht das Richtige werden."
Während wir reden, merke ich, wie wichtig das Plätschern des Wassers in diesem Garten ist. Wundervoll. Es ist der Gegenpol für die architektonische Strenge. Der „Steinesetzer" gesellt sich zu uns und wir kommen auf die Vielfalt der sinnlichen Wahrnehmungen

im Garten zu sprechen. Schließlich landen wir bei den Düften und Duftpflanzen, die Monika Birkner überall aufstöbert und begeistert in den Garten holt.

Und wieder sind die Eheleute gegensätzlich. Fritz Haslbeck ist sehr geruchssensibel, muss sich immer wieder gegen manche Pflanzenwünsche seiner Frau wehren. „Da bin ich aber froh, dass mein spontan gegriffenes Mitbringsel, die Wegwarte, nicht duftet. Und wenn ich mich nicht irre, ist es sogar eine Bachblüte." Sie ist aufstrebend im Wuchs und wunderbar hellblau. Vielleicht findet sie einen Platz in diesem Garten.

Fritz pflastert gerade einen neuen Weg und ich bemerke wieder seine Lust am Gestalten von Linien.

Stopp, lass uns innehalten! Schau doch, wie alles miteinander verbunden ist.

3. Oktober, Christiane Büch

Verwunschen und verwoben

Skurrile Gebilde halten mich heute länger als gewöhnlich beim morgendlichen Beerensammeln im Garten fest. Ich hangele mich durch ein Gewirr von Spinnenweben, die kreuz und quer durch den ganzen Garten gespannt sind. So wunderbar sichtbar und faszinierend! Die Luft ist voll feinster Tautröpfchen, wehend im zarten Morgenwind, schimmernd im diffusen Gegenlicht der langsam höher steigenden Sonne. Überall gibt es kleine Regenbogen-Reflexe in den Spinnennetzen. Und wie schön sie doch gewoben sind, wie unterschiedlich die Methoden, sie an Zweigen und Ästen festzuzurren. Einmal haben sie einen bereits blattlos dastehenden jungen Pflaumenbaum benutzt und kreuz und quer mit Fäden durchzogen – das sieht aus, wie mit Lichterketten geschmückt. An anderer Stelle, zwischen Kugelbuchs und Hauhechel, ist eine japanisch anmutende Falle sichtbar – sehr fein versponnen, mit trichterförmiger Öffnung nach unten. Wo die Fallenstellerin wohl sitzt und lauert?
Und natürlich gibt es den Klassiker: Riesige Kreuzspinne direkt in Augenhöhe, mitten in ihrem großen Netz: Hier kommst Du nicht durch! Na gut, ich tauche darunter weg und kann nun die vielen, vielen kleinen Netze am Boden des Gartens besser erkennen. Schade, dass Spinnen keine Schnecken fressen.

4. Oktober, Anna Jacobi

Ein heiliger Platz

Als ich am Abend bei Anna Jacobi bin, zaubert der Tag immer noch, wenngleich die Feuchtigkeit gewichen ist. Wir stehen bei ihrer 'Graciosa'. Sie steht recht ansehnlich in ihrem hübschen Herbstkleid neben einzelnen weißen Asternblüten, die jetzt herangewachsen sind.
Und wieder ist hier diese merkwürdige Stimmung. Wir sprechen leise, dann schläft das Gespräch ganz ein. Windstille. Die Sonne steht schon tief. Wolken spiegeln sich im See und auch die Bäume und Sträucher mit dem Ufersaum. Nichts regt sich.

Und plötzlich spüre ich: Hier ist ein heiliger Platz.
Und mir wird nochmal so richtig klar, wie wichtig und kraftvoll Schönheit ist. Es ist sichtbar gewordene Liebe.

Ich berichte Anna von meinen Gedanken, sie nickt mit leisem Lächeln, als hätte sie das schon immer gewusst, und ergänzt „Und das alles ist unsere gemeinsame Welt".

5. Oktober, Anke Stoltenberg

Neue Wege

Ein nebliger Morgen verspricht einen sonnigen Tag. Schon früh sitze ich bei Familie Stoltenberg am großen Frühstückstisch. Es sind Herbstferien, so turnen die Kinder noch in Schlafanzügen herum. Rolf, Ankes Mann, ist bereits draußen. Wir wollen in aller Gemütlichkeit die Wildpflanzen-Ecke bestaunen. Welche Pflanzen sind denn nun von ganz allein gewachsen? Im August hatten wir schon gesehen, dass viele von ihnen Heilpflanzen sind. Aber gibt es vielleicht einen Schwerpunkt ihrer Wirkungen?
Ich blättere in meinem Heilpflanzenbuch. „Es gibt zwei deutliche Hinweise", fasse ich zusammen, „Husten und Atemwegserkrankungen wäre der eine. Die andere Schiene deutet gleich mit mehreren Heilpflanzen auf Harn, Blase, Stoffwechsel und Leber." Anke lässt die Worte sacken. „Erkältungskrankheiten hatten wir, hat man ja immer wieder ... Aber das andere ist etwas gravierender und betrifft unsere Familie schon in der zweiten Generation, besonders Ferdinand und eins der Mädchen sind davon betroffen. Unsereins wacht auf, wenn er nachts mal muss. Die Kinder werden erst wach, wenn es schon zu spät ist. Und das passiert mehr-

fach jede Nacht. Wir hantieren jedes Mal mit frischem Bettzeug."
„Volltreffer!", entfährt es mir. „Volltreffer!", nickt Anke.

Brennnessel und Gundermann fallen uns im Wildpflanzenbeet besonders ins Auge. „Schau doch nur, wie üppig die Gundelrebe unter der Hortensie hervorquillt. Also wenn sich eine anbietet für Euer Problem, dann sie", sage ich. Dann reden wir noch über die Einsatzmöglichkeiten von Brennnesseln, zum Beispiel als Tee für eine Frühjahrskur, und wir beide schätzen frisch gehackte Gundelrebe zu Pilzgerichten. Anke möchte Gundelrebe gegen das Bettnässen der Kinder demnächst ausprobieren und so verspreche ich ihr, Kopien aus meinen Büchern zu machen.
Da trudelt auch schon mein Mann ein, er soll hier heute fotografieren. Also hinaus mit der ganzen Familie in den Garten – zur neuen Gartenpforte. Die Kinder turnen und jubeln auf ihr herum. Ab sofort kommen sie vom Gemüsegarten ohne Umweg zu den geliebten Ponys auf der Hauskoppel. Anschließend fallen wir wie die Stare über die Himbeeren her. 'Autum Bliss', die Herbsttragende, sitzt voller reifer Früchte. „Hmm, himmlische Beeren."
Es ist Mittagszeit, als ich mich wieder auf dem Weg mache. Am Nachmittag muss ich in den Copy-Shop, um Zeichnungen für einen Kunden zu kopieren – also nehme ich das Heilpflanzenbuch gleich

Lecker, diese herbstlichen Beerenfreuden! Und sie sind zu dieser Zeit immer ohne Maden.

mit. Auf der Rückfahrt denke ich an Anke und die Gundelrebe. Werde ihr Freitag beim Einkaufen die Seiten geben, geht es mir durch den Kopf – sogleich aber auch eine Widerrede in meinem Inneren: „Nein, kannst sofort hinfahren. Sie sollen die Gundelrebe heute anwenden und die Pflanze darum bitten, der Familie ihre Heilkraft zu schenken. Sie mögen um hundertprozentige Ausheilung bitten und der Pflanzenwelt für das reichhaltige Erscheinen danken – besonders eben der Gundelrebe!" Inzwischen schon Aussagen aus dem Nichts gewöhnt, bin ich doch aufgeregt über diese präzise Aufforderung. Also fahre ich gleich dorthin. Vorher mache ich einen Abstecher nach Hause und schreibe eine Art Gebrauchsanleitung für Anke auf, besonders das Bitten um die Hilfe erscheint mir wichtig. Ich schnappe mir die Kamera und ab geht's in Richtung Nehms.

Auf dem Hof ist großes Hallo ... der riesige uralte Weidenbaum ist letzte Nacht umgefallen, ganz hinten in der Senke am Waldrand. „Die Kinder klettern schon im Geäst." Anke hat auch einen Fotoapparat in der Hand und ist auf dem Weg dorthin. Ich gehe mit und erzähle ihr, was mir die Gundelrebe im Auto zugeflüstert hat. „Aufregend." „Ja, aufregend ...", nicke ich und schaue Anke wohl etwas fragend von der Seite an, während wir durch knöchelhohes Gras die Wiese hinuntergehen. Sie scheint meine Befürchtungen zu ahnen und sagt: „Ich habe damit keine Probleme ... wir schließen die Bitten an die Gundelrebe in unser Abendgebet mit ein."
Die Kinder üben sich in Waghalsigkeit und wir bewundern die Ausmaße der alten Weide – welch ein Baum! Komisch, es war doch eine windstille Nacht. Wieso ist sie umgefallen? Etwas war einfach zu Ende, muss ich denken und bin außerordentlich gespannt, was dafür an Neuem beginnen wird.

*Es ist erstaunlich,
dass uns die Natur
genau das schenkt,
was wir von ihr
brauchen – wenn wir
nur offen dafür sind.*

7. Oktober, Christiane Büch

Wie eine Elfe

Anna Jacobi ist zu Besuch bei mir. Sie möchte sich den Kerzenknöterich 'Firetail' anschauen. Natürlich erzähle ich ihr von der Geschichte mit der Gundelrebe. Sie bekommt große Augen, hat sie doch Blasenprobleme seit ihrem Sturz im letzten Jahr. Alle hatten gedacht, sie würde den Rest ihres Lebens im Rollstuhl verbringen. Nun hantiert sie wieder im Garten ... wie gut! So hole ich Gundelreben herein, lese ihr über die Anwendungen vor und über den alten bäuerlichen Brauch, die Ranken zum Kranz gewunden im Stall aufzuhängen als Schutz gegen so allerlei ... und schwupp sitzt schon das von mir gewundene Rankengebilde auf ihrem Kopf. Anna, die nun fast achtzigjährige Dame, sieht aus wie ein Blütenkind, wie eine Elfe. Später gehe ich noch einmal mit der Kamera durch den Garten, denn es ist wundervolles Licht. Ich freue mich über die paar späten kleinen Sonnenblumen, gelbe und braune, die das Schneckendesaster überlebt haben. Ich knipse die 'Blaue von Atlantis' und Herbstkrokusse und gebe es schließlich auf, die blaue Winde und Feuerbohne, verwachsen und verwoben auf einer langen Bambusstange, zu fotografieren. Diese beiden Zauberpflanzen auf dem Gerüst der Leichtigkeit lassen sich eben nicht einfangen und ich bin nicht so recht bei der Sache ...

Ich denke an die Gundelrebe und an das hoffnungsfrohe Vertrauen von uns Menschen in die Heilkraft der Natur.

8. Oktober, Monika Birkner & Fritz Haslbeck

Mehr Licht ins Dunkel

„Er hat mich den ganzen letzten Winter begeistert, dieser eine Stängel vor der ‚Moonlight'. Es war sonst gar nichts drin im Beet und ich weiß gar nicht mehr, was es war – ein trockener Stängel eben. Es war wie ein Gemälde", und die Augen von Fritz Haslbeck leuchten, als er von seiner Gartenbeleuchtung schwärmt. Die wollen wir nun erleben. Es ist abends halb sieben, Dämmerstunde und windstill. Bestes Fotowetter und ich bin froh, dass mein Mann die Bilder macht. So kann ich mich ganz der Beobachtung hingeben, kann das sanfte Aufleuchten der Farben vor dem Verblassen und Versinken der Sonne wahrnehmen, kann die tiefer werdenden Schatten spüren und das wohltuende, lichte Rund der „Moonlight"-Leuchten als Geborgenheit erkennen. Licht im Garten bringt viel Wärme in das dunkle Winterhalbjahr. Dabei präsentiert sich der Garten wie ein Theater mit wechselnden Stücken ... je nach Wetterlage eben.

Wir genießen den schönen Abend bei Wein und reden nicht nur über Gärten. Aber in einem sind wir uns einig: Besonders in persönlichen Krisenzeiten ist das Gestalten von schönen Dingen ganz wichtig. Schönheit zu entdecken, tut gut.

Als mein Mann und ich nach Hause fahren, spüre ich, dass es wohl der letzte Besuch in diesem Garten vor dem Frost war. Und dann soll ja bald auch offiziell Schluss sein mit den Gartenbesuchen. Ich merke Wehmut aufsteigen.

Monika

Unser ganzes Leben entfaltet sich zwischen rund und eckig, zwischen Licht und Schatten.

Merkwürdig, wie nah wir uns alle über die Pflanzen gekommen sind und auf einmal sehe ich das Bild so deutlich: Der Garten begleitet den Menschen, seinen Gärtner im Auf und Ab seines Lebens. Er führt ihn aus manchem Dilemma wieder heraus, erdet ihn und gibt ihm damit sein Gleichgewicht wieder

Empfindest Du das auch so, liebe Leserin? Natürlich passiert alles unbewusst und sicher nur in enger Verbundenheit mit dem Garten. Jedenfalls scheint es viel mehr Kommunikation im Garten zu geben, als wir ahnen.

Ob es Kommunikation zwischen mir und meinem Garten gibt? Na ja, in gewisser Weise schon. Er zeigt mir, was er benötigt: Wasser, Nahrung für den Boden, einen Rasenschnitt … Und der Garten wiederum spürt, was ich brauche.
Ich denke, ein Garten ist in der Lage, sich dem Seelenzustand seines Besitzers anzupassen. Bei meinem ist das jedenfalls so. Im Laufe der dreizehn Jahre, die mein Mann und ich nun hier gärtnern, hat es Zeiten der Freude, aber auch schlimme persönliche Krisen gegeben. Der Garten war stets wie ein Chamäleon und wunderbarerweise immer das, was ich gerade brauchte: mal Spielplatz, mal Meditationsraum, manchmal auch Seelenarzt und lebensnotwendiges Rückzugsnest, ein anderes Mal Statussymbol oder weiser Lehrer, dann wieder Königreich oder kreative Krabbelecke. Und manchmal zog er sich ganz unaufdringlich zurück und war tatsächlich einfach nur ein Garten.
Mittlerweile stelle ich mir das so vor: Mein Garten ist wie eine große Kugel mit einer wunderschön gestalteten Oberfläche, aber alles liegt im Dunklen verborgen. Nun stehe ich vor dieser Kugel und leuchte sie mit einer Taschenlampe an. Der Schein fällt auf einen Teil der Oberfläche und ich sehe, was sie an dieser Stelle für mich bereithält. Ich gehe ein Stückchen weiter um die Kugel herum, wenn sich mein Gemütszustand verändert. Wenn ich in diesem Moment die Kugel anleuchte, zeigt sie mir einen anderen Ausschnitt – aber immer gerade den, den ich brauche.

8. Oktober, E-Mail von Monika Birkner

Stimmt, Fritz! Besonders in der Dämmerstunde ist Eure Gartenbühne atemberaubend. Meine Güte, dieses Blau …

Monika

Geschehen lassen
und auch ordnen,
diese Balance ist gut.
Denn das Ordnen
im Garten ordnet
auch uns selbst.

9. Oktober, Christiane Büch

Im Einklang sein

Sonntagmorgen, 11.00 Uhr. Es ist *Gillenia*-Zeit und ich sehe meine Göttin der Schönheit in Gesellschaft Hunderter klitzekleiner Pilze. Es sieht aus wie eine Zwergenversammlung im grünen Moos. Ich folge meiner Jät-Lust und zupfe vorsichtig Gras aus *Gillenias* Umfeld und könnte vielleicht auch etwas umpflanzen? Aber nein, es ist zu trocken und außerdem müsste ich erst einmal schauen, ob heute der passende Tag ist. Denn ich möchte doch die Mondzeiten berücksichtigen.

Es kommt mir allerdings in diesem Moment wieder verkehrt vor, denn ich habe jetzt Lust zum Umpflanzen ... Soll ich mein Gefühl über den Lauf des Mondes stellen? Vielleicht ist es so: Wenn ich Lust verspüre, die Pflanze umzusetzen, ist es auch die rechte Zeit für sie und für den ganzen Garten. Wenn ich mich von meinem Bauchgefühl leiten lasse und das tue, was mir am Herzen liegt, tue ich automatisch das Richtige.

Erkennst Du sie? Ja, sie trägt nun ihr buntes Herbstkleid, unsere Gillenia trifoliata. Und das lässt sie im Garten noch einmal richtig auffallen.

Liebe Gartenfreundinnen, liebe Gartenfreunde!

Schon seit einigen Tagen frage ich mich: Was wäre gewesen, wenn ich nicht diese eine kleine Blume von Christiane mit zu mir nach Hause genommen hätte? Ich gehe seitdem viel bewusster mit dem Garten und seinen Bewohnern um, weil ich erlebt habe, dass ich tatsächlich mit den Pflanzen kommunizieren kann.
Ja, meine „Feenpflanze" und ich verständigen uns, soviel ist sicher. Wie auch immer wir das tun ... Und ich versuche, ihr mit immer mehr Geduld und Zuversicht zuzuhören ... Manchmal höre ich noch schlecht, bin abgelenkt oder ungeduldig, aber auch das darf so sein.
Ich wollte Euch schreiben, weil ich das Bedürfnis hatte, mich bei Euch allen für die wunderbaren Geschehnisse der letzten Zeit zu bedanken: Dank Euch allen, ihr Dichter und Gartenliebhaber, Euch herrlichen Pflanzen und ganz besonders Dir, Du liebes Zauber-Feen-Elfen-Kraut!

Herzlichst, Maren Schmidt

Zum Abschluss sende ich Euch noch ein Gedicht von Rilke, denn dieses begleitet mich schon seit den späten Sommertagen:

Ich lebe mein Leben in wachsenden Ringen,
die sich über die Dinge ziehn.
Ich werde den letzten vielleicht nicht vollbringen,
aber versuchen will ich ihn.

Ich kreise um Gott, um den uralten Turm,
und ich kreise jahrtausendelang;
und ich weiß noch nicht: bin ich ein Falke, ein Sturm
oder ein großer Gesang.

Rainer Maria Rilke

Dieser Apfelbaum in meinem Garten gehört seit ihrer Geburt meiner Nichte Annika …

10. Oktober, Anke Stoltenberg

Es tut sich was

Anke Stoltenberg ruft an und fragt, ob ich nicht kommen wolle, sie seien bei der Apfelernte. Leider kann ich heute nicht, höre sie aber gern am Telefon von der Gundelrebe berichten: „Unsere Nächte werden langsam ruhiger, es tut sich was! Wir legen jeden Tag einen frischen Kranz Gundermann auf den Tisch." Ich bin platt! Ich habe nicht damit gerechnet, dass sich so schnell etwas ändert. Schließlich haben sie erst vor weniger als einer Woche mit der Gundelrebe angefangen.

Gegen jede Krankheit ist ein Kraut gewachsen,
sagt eine alte Weisheit. Wie wahr.

Es ist so erstaunlich: Die Wildpflanze, die von selbst vor der Haustür gewachsen ist, ist genau die Pflanze, die der Familie so großen Nutzen bringt. Und ich sage Dir, sie tun nicht mehr, als die Gundelrebe zu bitten, diese Blasenschwäche auszuheilen und danken, dass sie und auch die anderen Pflanzen so zahlreich erschienen sind. Und nicht zu vergessen, der täglich frische Kranz aus Gundelreben, den sie auf den Abendbrottisch legen. Gegessen haben sie wenig von ihr, aber daran glauben können sie, sagt mein Gefühl. So löst sich hier ein über Jahre festgefahrenes Krankheitsbild auf oder wird zumindest durcheinandergebracht. Die Natur ist unglaublich.

Anke

16. Oktober, Burkhard Gombault

Erstes Schneeglöckchen?

Nachmittags bin ich bei Burkhard Gombault, bei dem die ersten Schneeglöckchen blühen. Schneeglöckchen im Oktober? „*Galanthus reginae-olgae*, das Oktober-Schneeglöckchen", sagt er und zeigt es mir. „Der Kreis schließt sich", jahreszeitlich gesehen und auch meine Gartenbesuche betreffend ... ein bisschen wehmütig ist mir zumute, wenngleich der Zauber des Erstaunens über den Garten schon wieder wächst.

Diese Schneeglöckchen-Art ist auf Korfu, Sizilien und dem Peloponnes zu Hause und blüht von September bis Oktober.

In einem Rechnungsbuch aus dem vorigen Jahrhundert schreibt Burkhard Gombault alle wichtigen Schritte seines gärtnerischen Schaffens handschriftlich nieder.

Hier und dort fallen Blätter und Burkhard Gombault meint, es gäbe dieses Jahr kaum herbstlich buntes Farbspektakel. Die Maulbeere, sonst ein goldgelber Schatz vor blauem Himmel, verliert ihre Blätter dieses Jahr bereits im gelbgrünen Stadium. Und viele andere Gehölze tun es ihr gleich: Die Stewartie, der Blumen-Hartriegel und der Eisenholzbaum drüben sind sonst eigentlich immer von umwerfendem Farbzauber. Aber jetzt war es einfach schon zu kalt. Kurzehosenzeit adé? Dankend nehme ich das Angebot heißen Tees in der warmen Stube an. Das tut gut.
Wir versinken im Gärtnerlatein und ich bewundere des Gärtners Buchführung. Es ist ein altes Rechnungsbuch, das Burkhard Gombault benutzt, um alles Wichtige aufzuschreiben. Welche Pflanzen verlobt und verheiratet worden sind und welche vielleicht verstorben.

„Der Garten ist des Gärtners Spiegel", sind wir uns einig.

Ich erreiche die heimische Gartenpforte mit einem Abelien-Ableger in der Hand – juch hu – und einigen Trauben des blauen Weins 'Boskop Gloire', bildschön und köstlich.

BURKHARD

Liebe Frau Büch,

Sie haben es geschafft, mich ehrlich gesagt ein wenig zu verblüffen! Ich hatte Ihre nette Anregung aufgegriffen und begonnen, mich zum Thema Wegwarte und Bachblüten ein wenig kundig zu machen. Sie hatten mir bei Ihrem letzten Besuch ja diese wunderbaren blauen Blumen mitgebracht.
Ich habe mir – wie könnte es anders sein – zunächst ein Buch gekauft. Natürlich habe ich nachgelesen, was dort zur Wegwarte steht. Von der Tendenz her könnte sie gut zu mir passen. Und jetzt frage ich mich, wie Sie auf sie gekommen sind. War es nur Zufall? War es nur ein wohlmeinendes Geschenk oder sollte ich es in gewissem Sinne als den berühmten „Wink mit dem Zaunpfahl" verstehen? Warum glauben Sie, habe ich diese Pflanze „gebraucht"?

Ganz liebe Grüße aus Potsdam!

20. Oktober, E-Mail von Monika Birkner

Liebe Frau Birkner,

die Wegwarte habe ich intuitiv gegriffen, bevor ich zu Ihnen fuhr. Dass sie zu den Bachblüten gehört, fiel mir erst später ein. Dann erst wurde mir bewusst, wie viele Wegwarten in meinem Garten stehen. So las ich nach und merkte, ich kann auch einiges für mich gebrauchen. Es ist so seltsam, dass man manchmal genau über die Pflanzen stolpert, die man braucht. Bei mir war es schon häufig so: Es wuchsen in meinem Garten bereits oftmals jene Pflanzen, die meine Heilpraktikerin mir als Bachblüte empfahl. Sie wucherten vor meinem Schlafzimmerfenster oder ich hantierte bei meiner Arbeit dauernd mit ihnen herum. Meine starke Beziehung zur Pflanzenwelt wurde dadurch sichtbar. Pflanzen, die ich schön finde, tun mir gut. Und was mir gut tut, macht mich irgendwie auch heiler. Augenscheinlich haben wir eine Antenne für Heilpflanzen, die sich wiederum von selbst einstellen, wenn wir sie lassen. Liegt darin der Schatz des Gärtnerns verborgen?
Auch ich erlebe Momente der Verunsicherung mit dem, was ich in der Pflanzenwelt erlebe. Und dann besinne ich mich auf das Augenzwinkern, mit dem ich den Dingen entgegenschauen will. Der Zufall stellt sich immer mehr in den Mittelpunkt und das ist eine der Hauptübungen dieser Reise durch die Gärten: dem Zufall, der Intuition, dem Gefühl eine Chance zu geben und den Kopf mit seiner Vernunft nicht mehr ganz so ernst zu nehmen.

Ich grüße Sie und Ihren Mann ganz herzlich,
Christiane Büch

29. Oktober, Ilka Mahro

Zeit des Wandels

Tagsüber ist es immer noch sonnig. Wo bleibt unser norddeutscher Schmuddel-Herbst? Um 14 Uhr stehe ich im Garten von Ilka Mahro und treffe sogleich auf die Gärtnerin: „Ich wollte nur noch das eine Beet fertig machen. Die Goldrute und der Sonnenhut sind zu gelb-klumpig im leichtfüßigen Gräserbeet", Ilka zuckt mit den Schultern, „aber eins zieht das andere nach sich." „Und schon flitzt man im ganzen Garten herum", ergänze ich. „Ja, aber man kann nicht anders," lacht sie.

Der dominante, gelbe Sonnenhut wird an dieser Stelle weichen müssen. Bald ist sein Umzugstag gekommen.

Wir diskutieren die Frage, ob Gräser in von Buchsbaum gesäumten Rosenbeeten angebracht wären. Die eine Seite ihres Gartens zeigt den romantischen Rosengarten-Klassiker mit *Buxus*-Beeteinfassung. Die andere Seite beherbergt einen modernen Ansatz im Sinne von Piet Oudolf, dem niederländischen Wegbereiter für Wildstauden-pflanzungen in großem Stil. In Ilkas Rosenwelt haben Gräser nichts zu suchen. Ihr Mann sieht darin eine gelungene Verbindung und ich sehe sie nur sehr am Rande als Traumpaar. Entscheiden wird Ilka und vielleicht wird sie etwas verändern, denn ihre „Rosenphase" sei sowieso am Abklingen, meint sie.
Wieder von Wehmut erfasst, gehe ich auch hier ganz langsam eine letzte Runde durch den Garten. „Könntest Du Dein Verhältnis zum Gärtnern in ein paar Worte kleiden?" frage ich Ilka etwas später bei einer Tasse Tee und so entspinnt sich unser letztes Gespräch.

„Der Garten ist Nahrung für die Seele", sagt Ilka.
„Erst kommt die Familie, dann das Gärtnern.
Ohne meinen Garten wäre ich nicht ausgeglichen, nicht kraftvoll.
Garten ist Meditation, Entspannung und Kraftakt.
Er ist meine Suche nach dem Paradies.
Oder habe ich es hier gefunden?"

Schon flitzt Ilka im ganzen Garten herum, denn aus einer kleinen Umpflanz-Idee wird schnell mehr …

Maren und Walter pflegen eine besondere Art des Zusammenspiels im Garten: Sie sammelt skurriles, altes Zeug und er macht etwas daraus.

30. Oktober, Maren Schmidt

Gartenbühne

Oh, bei Maren und Walter Schmidt hat es Streit gegeben heute Morgen. Sie wollte nicht, dass er den taunassen Rasen betritt, ihn verletzt und den Garten entzaubert, wo doch heute fotografiert werden soll.

Wir stehen zu zweit vor der Tür des Gartens, denn ich wünsche mir Fotos aus dem Blickwinkel meines Mannes, vor allem auch von den beiden Eheleuten. Er ist schneller im Umgang mit der Kamera, was beim Fotografieren von Menschen wichtig ist. Vielleicht habe ich einfach nur Hemmungen, dicht heranzugehen an Walter, den ich gar nicht so gut kenne. Denn Maren war es, die zugesagt hatte, bei dieser Entdeckungsreise, bei unserer Suche nach dem Schatz des Gärtnerns mitzumachen. Der Garten ist sowieso ihr Ding.

Aber es gibt auch diese gute Teamarbeit, zum Beispiel beim Anfertigen eigener Gartenskulpturen: Sie schleppt skurriles Pflanzengewirk, Schönes und Kurioses ins Haus und er greift ihre Vorlagen, ihre Schätze auf. Er sieht in den Holzstücken Tiere, Lebewesen, Wesenszüge … und so findet sich überall im Garten sein Humor, seine Lust am Ausdruck eigener Gefühlslagen.

„Dürfen wir denn den Künstler um ein Foto bitten?“ Die dicke Luft ist noch zu spüren. Sie wabert wie eine undurchdringbare Nebelschwade durch den kristallklaren Morgen, kann sich schließlich aber nicht halten im streichelwarmen Sonnenlicht, das nun mehr und mehr in den Garten fällt und seine Farbspielchen treibt. Dumm, wer bei solch einer heiligen Morgenstimmung verschlossen bliebe.

Maren

4. November, Irmgard Gloge

Es ist vollbracht

Irmgard Gloge und ich sind gerade bei letzten Umpflanzarbeiten in ihrem Garten. Eine mannshohe Felsenbirne bekommt einen Solitärplatz auf dem Hügel zur Westgrenze und die vielen Sämlinge von Eiben, Ilex und Mahonien wandern hoch an die Nordgrenze, in den Knickwall hinein, zwischen Haselnuss und Schlehe. Wieder fällt auf, dass der Garten aufgewacht ist beziehungsweise nun die Prägung der neuen Zeit bekommen hat. Ihr verstorbener Mann ist immer noch präsent, aber nun schwingt Irmgard Gloge hier den Taktstock. Sie ist eingezogen …

14. November, Friederike & Konrad Stumpf

Auf die Stimmigkeit kommt es an

Jetzt ist das Pflanzenbild übersichtlicher geworden in Bad Oldesloe, die immergrünen Gewächse treten hervor und auch die vielen Christrosen. Mannigfaltigkeit im Christrosenland – ja, so hatte ich den Garten ganz am Anfang für mich getauft und so habe ich den Garten von Konrad und Friederike Stumpf auch erlebt in den letzten Monaten, vielgesichtig.

Violette Zwiebelgesichter lugen zwischen den Blättern der rankenden Scheinrebe hervor, links daneben die Mandelblättrige Wolfsmilch.

Frost liegt in der Luft. In tief violettem Abendlicht lasse ich den Garten noch einmal auf mich wirken und habe das Gefühl, auf dem Gipfel eines Berges zu stehen. „Stimmt", sagt Konrad Stumpf, „dies ist der höchste Punkt von Bad Oldesloe." Ich finde die Tatsache originell, aber eigentlich kommt es mir noch anders vor, so als wäre es irgendwo ganz anders … eben im Christrosenland. Hier gibt es Terrassen zwischen Basaltgestein, wilde Alpenveilchen wuchern und faszinieren mit ihren silbergrünen, dunkelgrünen und grauen Blättern. Ich muss immer wieder hinschauen. Natürlich gibt es Christrosenblüten. Und letzte Herbst-Krokusse zaubern eine besondere Stimmung: leuchtendes Blauviolett vor November-Nachmittagsdunkelblau. Beim gemeinsamen Tee genießen wir leckersten hausgemachten Kuchen „mit Zutaten vom Wochenmarkt aus Thessaloniki". Die Eheleute Stumpf erzählen ein wenig von ihrer Giechenlandreise. Nun erlebt Konrad Stumpf erste Wochen als Rentner, eine gute Gelegenheit, noch einmal zurückzublicken auf den Garten während seiner Zeit als Kinderarzt: „Man ist so eine Art öffentliche Person. Hier fand ich die Möglichkeit, einen Bereich für mich zu schaffen, der nicht öffentlich ist", beschreibt er die Bedeutung, die sein Garten bis vor kurzem für ihn hatte. „Und jetzt bekommt er eine neue Aktualität – wir befinden uns bereits in der Umbruchphase. Ich sehe es als Herausforderung an, den Garten mit den nachlassenden Kräften umzugestalten, ihn meinen Kräften anzupassen."

Letztlich kommt es auf die Stimmigkeit zwischen Garten und Gärtner an, um glücklich zu werden.

FRIEDERIKE

15. November, Christiane Büch

Starker Nachtfrost

Eine klare schöne Vollmondnacht hat ihn gebracht, ersten starken Nachtfrost bis minus 6° C, und läutet damit das Ende dieser Geschichte ein. Er beendet die Sommerblumenfreuden, die Heiterkeit und beschert erste Wintergaumenfreuden: Der Grünkohl und vor allem die köstlichen Ess-Mispeln können nun verspeist werden. Viele Blüten sehen immer noch gut aus, „tapfer", denke ich und „danke!".

Ess-Mispeln gehören wie Äpfel und Birnen zu den Rosengewächsen. Siehst Du die Ähnlichkeit mit den Hagebutten?

19. November, Christiane Büch

Ende der Schatzsuche

Frost und Schnee verzaubern die Landschaft. Neun Monate lang habe ich acht Gärten und ihre Menschen besucht. Es kommt mir gerade wie eine Schwangerschaft vor: Es wird ein Buch geboren! Ich danke Dir sehr, liebe Leserin, für Deine Begleitung. Auch Du hast mich motiviert für diese Arbeit, die meine Ahnung zur Gewissheit werden ließ: Wir sind eingebettet in ein Netz aus Lebewesen, die ich als wache Intelligenz wahrnehmen kann. Interessieren sie sich für uns? Was bewegt die Natur, uns Heilpflanzen vor die Haustür zu schicken? Endlich weiß ich, wie Hildegard von Bingen, wie Edward Bach, wie die Heilkundigen zu ihrem Wissen und zu ihren Aussagen kommen konnten: Das Wesen der Pflanzen offenbart sich uns, wenn wir ganz nah herangehen, uns einlassen ohne Bedingungen, uns achtsam ohne Forderungen nähern.

Es gibt eine Interaktion zwischen Mensch und Pflanze, die mein Herz tief anrührt und mich noch wacher und achtsamer werden lässt. Denn wie wundersam ist doch alles miteinander verwoben.

Ich erlebe die Erde als Wesen, so wie ich auch eines bin. Alles pulsiert, alles atmet. Die Flüsse, Bäche und Rinnsale sind die Adern. Die Haut eine nahrhafte Schicht Muttererde, auf der die Pflanzen wie Haare stehen und den Organismus einhüllen. Und wenn das Bild zurückzoomt, sehe ich Mutter Erde als blauen Ball im All, ein Stern unter vielen.

Liebe Gillenia,

ich danke Dir im Namen aller Mitwirkenden dieses Buches. Sie gaben Dir liebevolle Namen, die Dein Wesen beschreiben. „Surprise", „Besondere Blume" und „Arcana" standen für das Geheimnisvolle, das Du im Laufe des Sommers immer mehr preisgabst, indem Du ein Blättchen und eine Knospe nach der anderen schobst. Sie nannten Dich „Elfenpflanze" und „Feenpflanze", als kurz vor Mittsommer und pünktlich zur Rosenblütezeit – gerade zum Geburtstag des einen oder anderen von uns – erste Blüten aufgingen. Viele kleine weiße Sterne trugst Du anmutig zwischen lindgrünem Blattwerk auf zierlichen, rehbraunen Stängeln, tanzend wie Kolibris im Wind. Du hießt auch „Sternenwind" und „Graciosa", Namen, die von Deiner Schönheit künden. Und so erzählst Du selbst von Schönheit, von Schönheit und noch einmal von Schönheit – auch dann noch, wenn Du auf armem Boden Dein Dasein führen musst. Du bist gekommen und Du stehst für Venus, für die Göttin der Schönheit.

Danke.

Egal, ob nun mit Blume, Gras oder Baum – Mutter Natur lädt Dich ein, mit ihr zu kommunizieren … wie, das bleibt Dir überlassen.

Welchen Schatz hast Du im Gärtnern gefunden?

Augenscheinlich findet jeder seinen Schatz auf seine Art in seinem Garten. Ich persönlich finde mein Glück nur, wenn ich eine Beziehung zu meinem Garten pflege, die von meinen spontanen Bedürfnissen geprägt ist. Die Kunst ist, das wahr- und ernst zu nehmen. Ich denke, Dir könnte es ähnlich gehen.

Nur lustgesteuert fließen die Kräfte optimal und bescheren uns innigste Glücksmomente im Eins-sein mit der Schöpfung. Dabei dient das individuelle Streben nach Genuss und Schönheit als zuverlässige Antriebskraft.

Von meinem ersten Gartenbesuch bis zu dieser Veröffentlichung ist einige Zeit vergangen, liebe Leserin. Zeit, die mir mehr Verständnis für das Erlebte beschert hat.

Ich bin daran gereift und voller Freude, diesen Schatz nun weitergeben zu dürfen.

CHRISTIANE

Danke

Herzlichen Dank an Euch, ihr lieben Gärtnernden! An Anna Jacobi, die traurigerweise inzwischen verstorben ist. Danke Friederike und Konrad Stumpf, Irmgard Gloge, Burkhard Gombault. Dank an Monika Birkner und Fritz Haslbeck, an Ilka Mahro. Danke Maren Schmidt und Familie Stoltenberg. Ihr alle seid so wunderbar offen für alles gewesen. Es hat so viel Spaß gemacht. Ich danke Dir, mein lieber Mann Thomas-Michael Gehm, für Deine Hilfestellungen jeglicher Art. Danke Euch, Svenja Schwedtke und Rainer Kumetat, für Eure Zeilen. Danke Ulrike Peers, Karin Deicke, Miroslav Großer und Thomas Mahro für Euer Feedback bis zum Schluss!
Danke liebe Lektorin Antje Krause für das fruchtbare Miteinander.
Dank an die Mitarbeiter des Ulmer-Verlages, dank dem Verleger Matthias Ulmer für den Mut, ein etwas anderes Gartenbuch zu veröffentlichen.

Und nun spreche ich zum ersten Mal der Pflanzenwelt öffentlich meinen Dank aus. Ich meine zu erkennen, dass sie intelligente Geistwesen sind, mit dem Kosmos verbunden. So wie anscheinend alles miteinander verbunden ist.
Danke *Gillenia trifoliata*. Du erzählst uns so viel Wichtiges von der Schönheit. Danke *Glechoma hederacea*, genannt Gundelrebe oder Gundermann, danke für alles, Du altbekannte Heilpflanze.
Wir können hier so viel sehen vom Wesen der Pflanzen, die uns so vielfältig und gut versorgen – so ist es eingerichtet von der Natur. Es gehört zum Kreislauf des Gebens und Nehmens auf dieser Erde, so scheint es mir. Jeder hat seine Rolle und seine Aufgaben, die er voller Freude ausfüllen darf. Wir sind dazu geschaffen, ja wir brauchen es geradezu, schöpferisch tätig zu werden, um unsere Sinne zu schärfen und zu wachsen. Und der eigene Garten ist das beste Übungsfeld. Aber wie es wirklich wieder zu einer Ausgewogenheit in uns und in unserer Verbundenheit zur Mutter Erde kommen kann, bleibt Schatzsuche ...

Ich danke Dir, liebe Leserin, lieber Leser ... schön, dass Ihr mitgegangen seid.

Bildquellen

Alle Fotos stammen von der Autorin Christiane Büch und ihrem Mann Thomas Michael Gehm. Außer Konrad Stumpf: S. 73. Icons: Claudia Eder

Literatur

Domin, Hilde: Wahl, erschienen im Band: Der Baum blüht trotzdem, 6. Auflage, S. Fischer, Frankfurt am Main, 2006, Seite 12.
Donohue, John: Schönheit – vom Reichtum des Lebens, Deutscher Taschenbuchverlag, München, 2004.
Rilke, Rainer Maria: Ich lebe mein Leben in wachsenden Ringen, erschienen in Conrady, Karl-Otto: Das große Gedichtbuch", Artemis und Winkler, München/Zürich, 1991, Seite 421.

Impressum

Die in diesem Buch enthaltenen Empfehlungen und Angaben sind von der Autorin mit größter Sorgfalt zusammengestellt und geprüft worden. Eine Garantie für die Richtigkeit der Angaben kann aber nicht gegeben werden. Autorin und Verlag übernehmen keinerlei Haftung für Schäden und Unfälle.

Bibliografische Information der Deutschen Nationalbibliothek
Die Deutsche Nationalbibliothek verzeichnet diese Publikation in der Deutschen Nationalbibliografie; detaillierte bibliografische Daten sind im Internet über http://dnb.d-nb.de abrufbar.

Wollgrasweg 41, 70599 Stuttgart (Hohenheim)
E-Mail: info@ulmer.de
Internet: www.ulmer.de
Lektorat: Antje Krause, Doris Kowalzik
Umschlagentwurf: Anette Vogt, red.sign, Stuttgart
Layoutkonzept: Claudia Eder, Augsburg
Layout, Satz und Umbruch: Anette Vogt, red.sign, Stuttgart
Reproduktionen: Medienfabrik, Stuttgart
Druck und Bindung: Firmengruppe APPL, aprinta druck, Wemding
Printed in Germany

ISBN 978-3-8001-7750-9